FAUL ZU
SEIN
IST HARTE
ARBEIT

Martin Liebmann

FAUL ZU SEIN IST HARTE ARBEIT

KOMPLETTMEDIA

Originalausgabe
1. Auflage 2019
Verlag Komplett-Media GmbH
2019, München/Grünwald
www.komplett-media.de
ISBN: 978-3-8312-0546-2
Auch als E-Book erhältlich

Lektorat: Matthias Michel, Wiesbaden
Korrektorat: Redaktionsbüro Julia Feldbaum, Augsburg
Umschlaggestaltung: FAVORITBUERO GbR, München
Illustrationen: Heike Kmiotek, www.heike-kmiotek.de
Grafische Gestaltung, DTP: Lydia Kühn, Aix-en-Provence, Frankreich
Druck & Bindung: GGP Media GmbH, Pößneck
Printed in Germany

Inhalt

Zum Geleit

Ist es unsere Art zu leben, die unser Verhältnis zum Nichtstun sprachlich geprägt hat? Oder ist es umgekehrt die
Sprache, die es formte? Wie dem auch sei: Nimmt man das
Wort »Faulheit« in den Mund, schmeckt es vergoren, muffig
und widerwärtig - eben faulig. Das englische *lazy* geht viel
frischer von der Zunge, das italienische *pigro* klingt gar wie
eine Liebeserklärung. Wer jemals den 2015 verstorbenen
Pino Daniele sein der Faulheit gewidmetes Lied »Pigro«
hat singen hören, findet in dieser bezaubernden Musik den
unumstößlichen Beweis dafür, dass das süße Leben eine
Erfindung der Italiener sein muss - *la dolce vita.* Dennoch
macht man sich mit einem Loblied auf die Faulheit nicht
unbedingt Freunde - obwohl man sich dabei in guter Gesellschaft befindet. Und in der würde ich nur allzu gern bei dem
ein oder anderen geistigen Getränk verweilen: Aristoteles

zur Linken sitzend, daneben Lessing, im Klubsessel in der Ecke schmaucht Oscar Wilde genüsslich seine Zigarre, Tolstoi nippt an seinem Wodka – und keiner von ihnen unternimmt auch nur ansatzweise den Versuch, Woody Allen in seinem Redefluss zu stoppen. Was für ein Abend!

Einen Hauch dieser Stimmung wünsche ich Ihnen beim Lesen dieser Ode an die Muße, in der ich mit leichter Feder und philosophisch gerüstet, aber ohne Schweiß im Angesicht ein paar Steinchen aus dem Mauerwerk der hetzenden und getriebenen Moderne herausschnipse. Einbrechen wird das Bollwerk dadurch zwar nicht, aber das ein oder andere Guckloch könnte sich auftun und etwas vom Licht des Lebendigen hindurchlassen. Machen Sie es sich gemütlich, und lassen Sie diese Sonnenstrahlen auf Ihre Seele scheinen!

Ein Haufen Emsigkeit

Giovanni Battista liebte die Tiere. Nicht von ungefähr gilt er als einer der ersten Tierschützer dieses Planeten, sah er doch Mensch und Tier gleichberechtigt auf einer Stufe. Man erzählt sich, dass er sogar manchmal Lämmer auf dem Weg zum Schlachthof gekauft habe, um sie vor einem allzu frühen Tod zu retten. Der 4. Oktober ist in Gedenken an ihn zum Welttierschutztag geworden, denn seine innige Liebe erstreckte sich auf alles, was kreucht und fleucht und planscht. Alles? Nicht ganz. Eine einzige Ausnahme machte er. Ein Geschöpf unserer Erde widerte ihn geradezu an, denn es war ihm einfach zu eifrig: die Ameise. Die wurde einst auch als Emse bezeichnet. Und was Giovanni Battista, der besser bekannt ist als Franz von Assisi oder – seit seiner Heiligsprechung am 4. Oktober 1228 – als heiliger Franziskus, absolut nicht leiden konnte, war diese unermüdliche Emsigkeit der kleinen Krabbler. Wenn Franziskus heute von weit oben auf die Welt schaute, was würde er wohl bei einem Blick auf Berlin, Hamburg, Frankfurt oder gar Stuttgart über uns Menschen denken? Ich wüsste es zu gern.

Zugegeben: Ameisen sind nützliche Tiere. Sie putzen ordentlich viel weg und halten den Wald sauber. Dass aber die Emsigkeit zu einem besonders charakteristischen Wesenszug einer Spezies geworden ist, die über deutlich mehr und besser vernetzte graue Zellen verfügt als ein ganzer Ameisenhaufen, erscheint mir nicht nur aus der Perspektive eines inzwischen außerirdischen Heiligen mehr als verschroben. Was ist da schiefgelaufen? Zumal der Arbeitseifer des *Homo sapiens* augenscheinlich nicht darauf ausgerichtet ist, den Wald oder gar die Welt sauber zu halten. Ein gewaltiger Teil menschlichen Schuftens läuft vielmehr darauf hinaus, dass der eigene Planet mit immer mehr Müll vollgestopft wird und dabei die über Millionen von Jahren eingelagerten Energiereserven so schnell verfeuert werden, dass selbst dem ansonsten ja eher gemächlich sich wandelnden Klima schwindelig wird. Was wirft das für ein Licht auf unsere Gattung? Wenn etwas wirklich peinlich ist, dann das. Die Welt wird das auf lange Sicht vermutlich irgendwie verkraften. Wenn wir so emsig weitermachen wie bisher, wird dies allerdings mit großer Wahrscheinlichkeit ohne uns stattfinden.

Und trotzdem singen wir Tag für Tag im Schweiße unserer Angesichter unermüdlich das Hohelied des Arbeitseifers und verteufeln die Faulheit und das süße Leben als Sünde. Von der Natur kann uns dieses Programm nicht in die Wiege gelegt worden sein. Angesichts eines Babys, das neben Essen, Trinken, Verdauen und Kuscheln die überwiegende Zeit dösend oder schlafend verbringt, soll mir jemand bitte einmal das Gegenteil beweisen. Dank meines Kinderreichtums kann ich aus persönlicher Erfahrung eindeutig belegen, dass diese natürliche Haltung eine Halbwertszeit hat, die ohne Gegendruck von außen in der Pubertät noch längst nicht erreicht ist. Schule könnte noch so interessant sein und würde doch nicht einem nochmaligen Umdrehen unter der Bettdecke vorgezogen werden. Nicht nur als Schüler, sondern mehr noch als Vater war ich oft kurz davor, den viel zu frühen Schulbeginn als eine Vorstufe der Folter anzuklagen oder zumindest die Festschreibung des Ausschlafens als Menschenrecht einzufordern.

Irgendeinen Grund muss es also geben, dass wir uns gemeinschaftlich so überzeugt gegen unsere eigene und die uns umgebende Natur entwickeln und verhalten. Gewichtig muss er sein, dieser Grund. Auf meiner langen Suche danach habe ich erfahren, dass ihm nicht eine einzelne Ursache zugrunde liegt, sondern sich unsere allgemeine Lebenshektik und Emsigkeit in einem erschreckend dicht gewobenen Netz gesellschaftlicher Vorgaben und entsprechender Entwicklungen verstrickt, das uns vor lauter Fäden kaum einen Ausblick ermöglicht, geschweige denn ein Entkommen daraus.

Damit es nicht zu einer anstrengenden Aufgabe wird, dieses Geflecht aufzudröseln – was diesem Buch unangemessen wäre –, habe ich mir erhofft, dass es doch so etwas wie eine Schere oder ein Messer geben müsste, mit denen sich die Fäden und Knoten zerschneiden ließen. Gefangen im dreidimensionalen gegenständlichen Denken bin ich allerdings nicht fündig geworden. Es brauchte einige Jahre ausgeprägter Muße, reichlich Geduld und den Aufbruch in eine Dimension, für die wir kein Sinnesorgan besitzen, die wir noch nicht einmal in der Lage sind, genau zu beschreiben: die Zeit. Bei einem ausgiebigen in die Luft und die Natur schauenden Nichtstun habe ich die Zeit, unsere vierte Dimension, als das erkannt, was alles erst lebendig macht. Ohne die Zeit bleibt ein dreidimensionaler Raum tot, starr und bedeutungslos. Wenn ich unseren Umgang mit der Zeit etwas gründlicher durchschaue, so meine ungefähre Ahnung, sollten sich mir sowohl die Angelegenheiten offenbaren, die für ein gutes Leben bedeutsam sind, als auch die Zusammenhänge, derentwegen bei uns so viel schiefläuft – oder sollte ich eher sagen: warum hier so viel schiefrennt?

Wieso fühlen sich so viele Menschen in unserem Kulturkreis so gehetzt? Weshalb haben so viele Menschen das Gefühl, wie in einem Hamsterrad zu rasen, ohne ihrem Lebenssinn auch nur einen Millimeter näher zu kommen? Warum verwenden wir unseren Verstand, unsere Kreativität und unsere Erfindungen nicht dafür, dass es uns und der Welt gut geht? Und vor allem: Wie kommen wir aus der peinlichen Nummer mit den Ameisen wieder raus?

Im Rausch der Möglichkeiten

Ich freue mich regelmäßig über meine Waschmaschine. Meinem Ärger über die stets pünktlich nach fünf Jahren ihren Dienst verweigernden Modelle, deren Reparatur in keinem vertretbaren finanziellen Aufwand stand, habe ich irgendwann einmal einen Schlusspunkt gesetzt. Heute steht eine gebrauchte Qualitätsmaschine in meinem Keller, deren Trommel sich bestimmt noch viele Jahre für mich dreht und die sich im Bedarfsfall auch recht einfach reparieren lässt. Ich singe ihr ab und zu ein kleines Dankeslied, dass sie mir die Arbeit abnimmt. Mit ein paar Handgriffen stopfe ich die Wäsche hinein, drehe einmal am Programmrad und drücke den Einschaltknopf, um mich dann anderen Tätig- oder Untätigkeiten hinzugeben, die mir mehr Freude oder Genuss bereiten. Herrlich! Auch als ich neulich einen kranken Baum in meinem Garten fällen musste und nach einer Stunde Handsägearbeit und der damit verbundenen Schweißproduktion von gefühlten zwei Litern der Nachbar mit seiner Motorsäge zu Hilfe kam, wurde mir klar, wie zeitsparend und hilfreich der Einsatz von Maschinen ist. Der Stamm lag binnen weniger Minuten auf dem Boden und nur ein Viertelstündchen später von seinen Ästen befreit in handlichen Stücken aufgestapelt. Ohne diesen Motorsegen hätte ich Tage dafür gebraucht – und einen ordentlichen Muskelkater und wahrscheinlich auch Rückenschmerzen gratis dazubekommen. Stattdessen konnte ich mich nach vollbrachtem Werk zusammen mit meinem Nachbarn bei einem erfrischenden Bierchen dem malerischen Sonnenuntergang dieses Wintertages hingeben.

Auch ohne Waschmaschine und irdischen Motorsegen träumten schon die großen Denker der alten Griechen von einer Welt, in der uns Maschinen die Arbeit abnehmen. Aristoteles und Konsorten konnten sich ganz aufs Denken und die Muße konzentrieren, weil im klassischen Athen die wirklich fiesen Arbeiten von Sklaven verrichtet wurden. Es war den Philosophen aber bewusst, dass die Welt besser sein würde, wenn statt übelst geknechteter Menschen Automaten die Dinge verrichteten, zu deren Erledigung sich ein edler Geist niemals erniedrigen würde. Der menschliche Erfindungsreichtum hat seitdem Erstaunliches hervorgebracht, zum Beispiel die Elektrizität und den Verbrennungsmotor. Schier unendlich viele Apparate setzen seitdem alles Mögliche in Bewegung und übernehmen damit die Mühsal körperlicher Schufterei. Spätestens seit der Erfindung des Computers, der auch das Rechnen, Suchen, Sortieren, die Steuerung der Maschinen und zunehmend anspruchsvollere Aufgaben für uns übernimmt, müsste der alte Traum von der Erlösung von der Arbeit umzusetzen sein. So scheint es. Aber irgendwie ist schon wieder etwas schiefgelaufen, denn trotz der kürzesten Arbeitszeiten, die wir historisch gesehen je hatten, klagen von Jahr zu Jahr mehr Menschen darüber, keine Zeit zu haben. Dabei nehmen uns fast überall die Automaten viel Arbeit ab. Dank der Waschmaschine und ihrer Kollegen werden einige Stunden pro Woche von Arbeit frei. Entfernungen können wir mittels Automobilen, Zügen und Flugzeugen um ein Vielfaches schneller überwinden als die Generationen vor uns. Und für die Übermittlung von

Botschaften brauchen wir weder Papier, Tinte und Briefumschlag noch eine Briefmarke und den Gang zum nächsten Briefkasten. Wir tippen die Texte in den Computer oder das Smartphone und schicken sie mit einem Klick mühelos und fast in Lichtgeschwindigkeit auf die Reise bis in den letzten Winkel unserer Welt. Wir müssen dafür nicht einmal mehr aufstehen. Mit Spracherkennungssoftware entfällt sogar die Fingergymnastik. Der Aufwand für die Herstellung von Waren und Maschinen, für unsere Mobilität und in besonderem Maße für die Kommunikation hat sich dermaßen reduziert, dass wir alle länger im Bett bleiben und den schönen Dingen des Lebens unsere fast ungeteilte Aufmerksamkeit schenken könnten. Warum also die ganze Hetzerei?

Der Widerspruch von maschinenbedingten Möglichkeiten, Zeit einsparen zu können, und der zunehmenden und lauter werdenden Klage darüber, dass wir Menschen in modernen Gesellschaften immer weniger Zeit haben, veranlasste den österreichischen Philosophen Peter Heintel im Jahr 1990 dazu, einen Verein zu gründen, der einen ebenso schrägen wie Verwunderung hervorrufenden Namen trägt: Verein zur Verzögerung der Zeit. Darüber, was Zeit eigentlich genau ist, lässt sich unendlich lange ohne befriedigendes Ergebnis nachdenken. Und dieses anscheinend unbeschreibliche Etwas dann noch verzögern zu wollen, kann doch nur die Idee von Verrückten sein! In irgendeiner Weise gestört war Peter Heintels Geist nicht. Davon habe ich mich persönlich und oft überzeugt. Ganz im Gegenteil hat er den überwiegenden Teil seines Lebens mit Denken verbracht und dabei wirklich Erhellendes herausgefunden. Die bei außergewöhnlichen Persönlichkeiten häufiger anzutreffende Paarung von tiefer Klugheit und leichtem Humor war sicherlich dafür verantwortlich, seinem Verein diesen besonderen Namen zu geben. Seit nunmehr fast dreißig Jahren tauschen sich Mitglieder des Vereins zur Verzögerung der Zeit darüber aus, was ein gutes Lebenstempo sein könnte, verstören mit verdrehten Aktionen die überdrehte Geschäftigkeit und suchen nach den Gründen für die offensichtlich nicht zu stoppende Beschleunigung.

Die vielleicht scharfsinnigste Erklärung dieses Widersinns hat der Soziologe Hartmut Rosa gefunden. Seine These ist im Grunde ganz einfach. Zeit gewinnen würden wir beim Einsatz von Technik bloß dann, wenn wir lediglich genauso viel tun würden wie vorher – nur eben schneller. Wir machen aber genau das Gegenteil: immer mehr. Mehr konsumieren, mehr und weitere Strecken zurücklegen, mehr kommunizieren. Mit jeder neuen Technik, die uns etwas schneller oder bequemer zu erledigen ermöglicht, stopfen wir unser ohnehin schon gedrängtes Leben noch voller. »Bloß nichts versäumen!«, lautet das fast religiös anmutende Bekenntnis unseres Zeitalters. Alles, was geht, wird gemacht. Hemmungslos und ohne die Frage nach dem Ziel oder Sinn zu stellen, stecken wir die Grenzen immer weiter ab. In der Erwartung, unser Leben besser zu machen, packen wir immer mehr in es hinein, ohne uns die Zeit zu nehmen, das Erlebte auch zu verdauen. Die Metapher einer verdauungslosen Gesellschaft kommt mir regelmäßig und zwangsläufig in den Sinn, wenn ich Menschen sehe, die ihr Essen fotografieren, um die Bilder auf irgendwelchen Internetplattformen zu veröffentlichen. Anstatt sich an einem guten Essen zu erfreuen und es genüsslich in Erfahrungen zu verstoffwechseln, halten sie es erst einmal technisch fest und zeigen der Welt, wie gefüllt ihr Leben doch ist. Ob die Welt das überhaupt wissen will oder nicht, ist Nebensache. Es geht lediglich um die Veräußerlichung von etwas, das eigentlich verinnerlicht gehört. Beim Essen ist das Verdauungs-Gleichnis offensichtlich. Es lässt sich meiner Wahrnehmung und Einschätzung nach aber auch auf diverse andere Lebensbereiche und Dinge übertragen: Reisen, Autos, Schmuck, technisches Gerät, beruflichen Erfolg, sogenannte Selfies und – spätestens da wird es widerwärtig – die eigenen Kinder, deren Prächtigkeit in alle Welt hinausposaunt wird.

Doch bevor ich mich zu sehr aufrege, was bekanntlich viel Energie kostet und deshalb in einem Buch über Faulheit fehl am Platz wäre, komme ich auf die sachliche Ebene der Zahlen, die völlig nüchtern belegen, dass wir mit jeder neuen Technik mehr Zeit binden, als freizusetzen theoretisch möglich wäre. Der Bequemlichkeit halber nehme ich aus den unendlichen Beispielen dafür drei heraus, an denen sich das ganze Dilemma mühelos erkennen lässt.

Als Johann Wolfgang von Goethe sich am 3. September 1786 um drei Uhr in der Frühe von Karlsbad nach Italien aufmachte, lag ein weiter Weg vor ihm. Allein für die ersten 140 Kilometer über Zwota, Eger und Tirschenreuth nach Weiden brauchte er seinen Tagebucheinträgen zufolge 18 Stunden. Bis zum Brenner waren es sechs Tage in der Postkutsche. Auf der zweiten Etappe nach Verona, für die er fünf Tage benötigte, schrieb er: »Die Postillons fuhren, daß einem Sehen und Hören verging, und so leid es mir tat, diese herrlichen Gegenden mit der entsetzlichsten Schnelle und bei Nacht wie im Fluge zu durchreisen, so freuete es mich doch innerlich, daß ein günstiger Wind hinter mir herblies und mich meinen Wünschen zujagte.« Wenn heute jemand für 700 Kilometer elf Tage bräuchte, würde dieser Mensch dann von einer »entsetzlichen Schnelle« sprechen? Mit dem Auto schaffen wir so eine Strecke heute in gerade einmal acht bis neun Stunden. Ein ICE benötigt für die noch etwas längere Tour von Hamburg nach München nicht einmal sechs Stunden. Und der Flieger ist sogar nur eine gute Stunde in der Luft, um diese Strecke zurückzulegen. Der technische Fortschritt macht es möglich. Goethes Italienreise über Rom und Neapel nach Sizilien und wieder zurück über Rom nach Mailand dauerte bis zum Mai 1788, also gute eindreiviertel Jahre. In dieser Zeit reiste er - grob überschlagen - einen Weg von rund 4000 Kilometern Länge. Versuchen Sie heute einmal, einen zwei Jahre alten Gebrauchtwagen mit so einem Kilometerstand zu finden! Viel Spaß dabei! Wir Deutschen legen jede und jeder pro Jahr etwa 15 000 Kilometer zurück - im Durchschnitt. Goethe gehörte zu den besonders reisefreudigen Zeitgenossen des 18. Jahrhunderts. Kilometerfresser in heutigen Zeiten bringen es in einem Jahr allein mit dem Auto auf eine Strecke, die länger ist als der Äquator.

Haben Sie ein Auto mit Bordcomputer? Dann schauen Sie doch spaßeshalber einmal nach, wie viele Stunden Sie in Ihrem Fahrzeug verbringen. Anschließend stellen Sie sich die Frage, ob Ihnen das Automobil Zeit spart oder ob Sie es einfach wahnsinnig oft und lange benutzen. Oder vergleichen Sie die Zahl Ihrer automobilen Stunden mit der, die Sie einfach – auf einer Bank oder am Strand sitzend – in den Himmel geguckt haben. Vielleicht finden Sie im nächsten Stau eine ruhige Minute dafür, sich das einmal bewusst zu machen. Dann wird Ihnen aus ganz eigener Erfahrung klar, dass unser Umgang mit dem technischen Fortschritt unsere Zeit beansprucht, anstatt sie freizuschaufeln.

Noch deutlicher wird es beim zweiten Beispiel, der Kommunikation. Ich gehöre zu der aussterbenden Art, die Briefe noch gern mit der Hand schreibt. Irgendwie finde ich es besonders sinnlich, wenn ein in meinem Kopf fertig formulierter Satz sich im Fluss der Tinte auf schönem Papier verewigt. Schon der Bewegungsablauf ist ganz anders als das Dauerstakkato des Tippens auf einer Tastatur. Die runden Schwünge der Füllfeder machen keinen Lärm, sondern singen eine unhörbare liebliche Melodie. Keine Löschtaste, kein Kopieren und an anderer Stelle wieder Einfügen verleiten dazu, ungereifte Gedanken vorschnell in die Welt zu setzen. Nicht zuletzt gibt mir das herkömmliche Schreiben das Gefühl, mich der digitalen Belanglosigkeit zu entziehen. Sehr persönliche Botschaften verdienen meiner Ansicht nach diese würdige Form. Selbst bei identischem Inhalt entfaltet ein handschriftlicher Brief eine viel ergreifendere Wirkung als eine am Bildschirm aufploppende E-Mail.

Ein herkömmlicher Brief benötigt auch mehr Zeit, bis er beim Empfänger ankommt. Er will sorgfältig gefaltet und in den Umschlag gesteckt werden, braucht eine Briefmarke, die womöglich noch persönlich angeleckt werden muss, um haften zu bleiben, und geht dann auf seiner langen Reise vom Briefkasten über diverse Poststellen durch viele Hände und auch Maschinen, bis er dem Empfänger zugestellt und von ihm womöglich mit einem Brieföffner behutsam geöffnet und endlich gelesen wird. Wie wunderbar sich so ein Briefwechsel verzögern kann, habe ich im vergangenen Jahr erlebt. Ich war im Urlaub auf Sardinien und erfreute mich an den Gedanken an besonders gute Freunde, die ich lange nicht mehr gesehen hatte. Einem von ihnen schrieb ich einen Brief – in der oben ausgeführten Art. Der Brief war etwa eine knappe Flasche Rotwein lang und entsprechend emotional. Am nächsten Tag kaufte ich eine Briefmarke und brachte mein Freundesschreiben auf seinen Weg nach London. Monat um Monat verging, und ich hörte nichts vom Empfänger. Umso größer war bei meinem nächsten Urlaub auf der Insel die Überraschung, als mich mein dortiger Nachbar ansprach und in sein Haus bat. Er öffnete seine Schreibtischschublade und holte ein sichtlich mitgenommenes

Kuvert hervor. Er hätte es erst vor Kurzem aus einem Briefkasten gefischt, in den er nur sehr selten hineinschaue. Auf das Adressfeld habe er gar nicht geachtet, sondern den inzwischen von Feuchtigkeit und anderer Witterung nicht mehr taufrisch anmutenden Umschlag geöffnet, um dann zu bemerken, dass der Text in deutscher Sprache verfasst war und in der Anrede nicht sein, sondern mein Vorname stand. Diese Unaufmerksamkeit möge ich ihm verzeihen, es sei ihm ausgesprochen peinlich. Als er die Freude in meinem Gesicht sah, nachdem ich den Absender entziffert und das Schreiben an mich genommenen hatte, entspannte sich der Nachbar und regte an, dass wir uns doch später auf ein Gläschen Wein treffen sollten. Was für eine gute Idee! In meinem Apartment angekommen, setzte ich mich gemütlich auf den Balkon und nahm mir viel Zeit, die ebenfalls handgeschriebenen Worte meines Freundes zu lesen. Es war wie Weihnachten im Frühjahr. Die über sechsmonatige Verzögerung der Ankunft dieses Briefes hat meine Freude über die Lektüre dermaßen gehoben, dass das gute Stück inzwischen in meiner privaten Schatzkiste liegt und ich von Zeit zu Zeit die Blätter wieder heraushole und lese, um mir etwas Gutes zu tun. Ich werde meinem Freund bald zurückschreiben und hoffe, dass meine Antwort auch irgendwo stecken bleibt, bevor er sie erhält.

Wie anders läuft es bei der elektronischen Post. Da wundern wir uns schon, wenn unsere Botschaften oder Anliegen nicht binnen weniger Stunden erwidert werden, obwohl wir doch viel mehr davon verfassen und erhalten als handgeschriebene

Briefe. Zählen Sie einmal, wie viele E-Mails, SMS, Whats-
App-Nachrichten und sonstige Posts Sie allein in den letzten
sieben Tagen geschrieben und bekommen haben! Wenn
ich meinen Rechner angeschaltet habe und das E-Mail-Pro-
gramm offen ist, signalisiert ein »Pling« fast im Minutentakt,
dass etwas Neues eingetroffen ist – von ernsthaften Anfragen
über blind kopierte Verteilernachrichten bis zu stumpf-
sinnigen Massenwerbesendungen und dreisten Versuchen,
mich in krimineller Weise um die Herausgabe von Geld oder
persönlichen Daten zu bewegen. Wenn ich um mich herum
höre, wie oft diverse Smartphones den Eingang von SMS oder
WhatsApp-Nachrichten ankündigen, wird mir bewusst, weshalb ich es mit Elias Canetti halte: »Wenn das Telefon nicht
klingelt, ist es für mich.« Es gibt garantiert Statistiken, die
aufzeigen, wie oft und wie viele Male unser Leben von ein-
gehender Digitalpost unterbrochen wird. Um mir nicht den
gleich bevorstehenden Feierabend zu versauen, will ich diese
Zahl lieber gar nicht wissen. Es reicht mir festzustellen, dass
diese neue Technik unwiderlegbar dazu geführt hat, dass wir
mit ihrer Nutzung nicht Zeit gewinnen, sondern verlieren.
Viel Zeit. »Man kann nicht nicht kommunizieren«, sagte der
Philosoph und Psychotherapeut Paul Watzlawick einmal.
Dieser schöne Satz bekommt im Zeitalter der Digitalisierung
eine von seinem Urheber bestimmt nicht so gedachte neue
Bedeutung. Bei den vielen Mails, Posts und Messages mag
die pausenlose Berieselung vielleicht noch unbeabsichtigt
sein oder damit zusammenhängen, dass wir den Umgang
mit dieser Technik noch nicht lange genug hinterfragt und

kultiviert haben. Bei den Medien ist es dahingegen vielfach Programm. Der Geschäftsführer eines privaten Radiosenders hat das einmal beeindruckend offen dargelegt. Danach gefragt, was er denn als die wesentliche Aufgabe seiner Firma betrachte, antwortete er: »Wir zerstreuen Zeit.« Ich vermute, dass Geschäftsmodelle, die auf dem Unbehagen oder gar der Unfähigkeit des gehetzten Individuums, einfach einmal nichts zu tun, aufbauen, auch weiterhin hervorragende Erfolgsaussichten haben. Dank YouTube und Konsorten braucht man heute noch nicht einmal mehr einen eigenen Verlag und aufwendige Technik, um mit aberwitzigen Banalitäten oder unverschämten Dummheiten ein Millionenpublikum vom echten Leben abzulenken.

Mein drittes Beispiel ist die immer effizientere Herstellung von Dingen. Mit abnehmendem Einsatz menschlicher und zunehmendem Anteil maschineller Arbeit werden immer mehr Produkte immer schneller hergestellt. Mit der hergestellten Menge werden sie auch billiger. Und weil wir uns billige Sachen leisten können, kaufen wir sie. Vielen von uns fällt die Sache mit dem wachsenden Konsum kaum noch auf, weil es schon normal geworden ist, immer mehr Zeug zu erwerben und zu horten. Kleidung ist teilweise so billig geworden, dass sich das Waschen zumindest aus geldlicher Sicht kaum noch lohnt. Möbel werden nicht mehr für Generationen getischlert, sondern in für unsere Ahnen unvorstellbar kurzen Zeiträumen durch neue ausgetauscht. Ein europäischer Haushalt soll im Durchschnitt sage und schreibe zehntausend Dinge beherbergen. Wie viele wir davon wirklich brauchen und wie viele davon unser Leben besser machen, fragen wir uns erst gar nicht. Als wir 2015 zwei Geflüchtete in unser Haus aufnahmen, passte ihr Hab und Gut problemlos in zwei Plastiktüten. Mehr konnten sie auf ihrer Flucht aus ihrem von Krieg und Unrecht geplagten Heimatland nicht mitnehmen. Seitdem komme ich mir mit meinem vielen Zeug manchmal vor, als lebte ich auf einer Müllhalde, die ich im Winter sogar noch beheizen muss. Allein wie viel Platz mein gesamter Kram in Anspruch nimmt, den ich im Laufe meines Lebens erworben habe, ist aus dieser Perspektive wahnsinnig. Die regelmäßige Entsorgung des Überflusses und das inzwischen von mir gepflegte Ritual, einmal sehnlich Gewünschtes bewusst nicht zu erwerben, ruft immer wieder ein herrliches Gefühl der Befreiung in mir hervor. Das Wort »Entsorgen« trifft den Vorgang, der sich dann in meinem Gemüt abspielt, auf den Punkt: Mit jedem verkauften, verschenkten oder beseitigten Ding verschwindet auch die Sorge darum – im Kopf genauso wie im Haus. Die mit der Entsorgung verbundene Mühe, so meine Erfahrung, lohnt sich schon deshalb, weil ich mich um etwas, was ich nicht habe, eben auch nicht kümmern muss. Der Nicht-Besitz ist in dreifacher Hinsicht nachhaltig. Er macht den Kopf langfristig frei, führt durch den geringeren Bedarf an Geld für die Anschaffung zu weniger Notwendigkeit, dieses durch Erwerbsarbeit zu verdienen, und ist die wohl müheloseste Art, die natürlichen Rohstoffe unserer Erde nicht in einer für sie ungesunden Weise und Geschwindigkeit zu verprassen.

Immer wieder gern erinnere ich mich an einen Vortrag von Harald Welzer, den ich in Hamburg hören durfte. Der Soziologe präsentierte einen von ihm erdachten utopischen Dialog eines großen Onlinehändlers mit einem Kunden. Der Kunde, der eigentlich eine Bohrmaschine kaufen wollte, wurde zuerst davon überzeugt, dass es viel praktischer und günstiger sei, sich das Gerät für die kurze Zeit der Nutzung auszuleihen. Anschließend erhielt er noch folgende Empfehlung: »Kunden, die diese Bohrmaschine nicht gekauft haben, haben auch folgende Produkte nicht gekauft ...« Es folgte eine illustre Reihe an Geräten von Rasenmähern über Motorsägen bis zu Automobilen. Dass das Teilen von Dingen – neben den Vorteilen eines geringeren persönlichen Bedarfs an Geld und eines geringeren Verbrauchs von natürlichen Rohstoffen – auch dazu führen kann, dass man seine nachbarschaftlichen Beziehungen pflegt und gemeinsam eine gute Zeit verbringt, ist ein das Leben bereichernder, sehr angenehmer Nebeneffekt.

Schon an diesen wenigen Beispielen zeigt sich der einstweilen komische, bei näherer Betrachtung aber durchaus als tragisch zu bezeichnende Widerspruch von unseren Möglichkeiten und unserer Kultur. Technisch wären wir in der Lage, ein glückliches, freies Leben zu führen. Statt uns aber damit zu begnügen, jagen wir wie berauscht jeder sich neu auftuenden Option hinterher, um möglichst viel herauszuholen. Würde ein Außerirdischer einen Erdling beobachten, der mit seiner Bohrmaschine wie von Sinnen die Wände seines

Hauses durchlöchert, würde er sich womöglich zuerst die Frage stellen, wer in diesem Szenario Gerät und wer Bediener ist. Bei der Beobachtung seiner Mitreisenden bei einer völlig normalen Fahrt einer U-Bahn ist diese Frage alles andere als abwegig, scheinen die Menschen doch ihren Smartphones absolut zu gehorchen. Der antike chinesische Philosoph Laotse wusste: »Nichtstun ist besser als mit viel Mühe nichts schaffen.« Uns modernen Menschen ist diese Weisheit augenscheinlich abhandengekommen. Eventuell ist es ja auch so, wie der französische Moralist François de La Rochefoucauld es schon im 17. Jahrhundert ausgedrückt hat: »Zu viel Fleiß im Kleinen macht unfähig zum Großen.«

Meine Waschmaschine möchte ich deshalb im Haus nicht missen. Aber irgendjemand könnte mal ein Modell erfinden, das Socken nicht nur paarweise entgegennimmt, sondern auch wieder paarweise herausgibt.

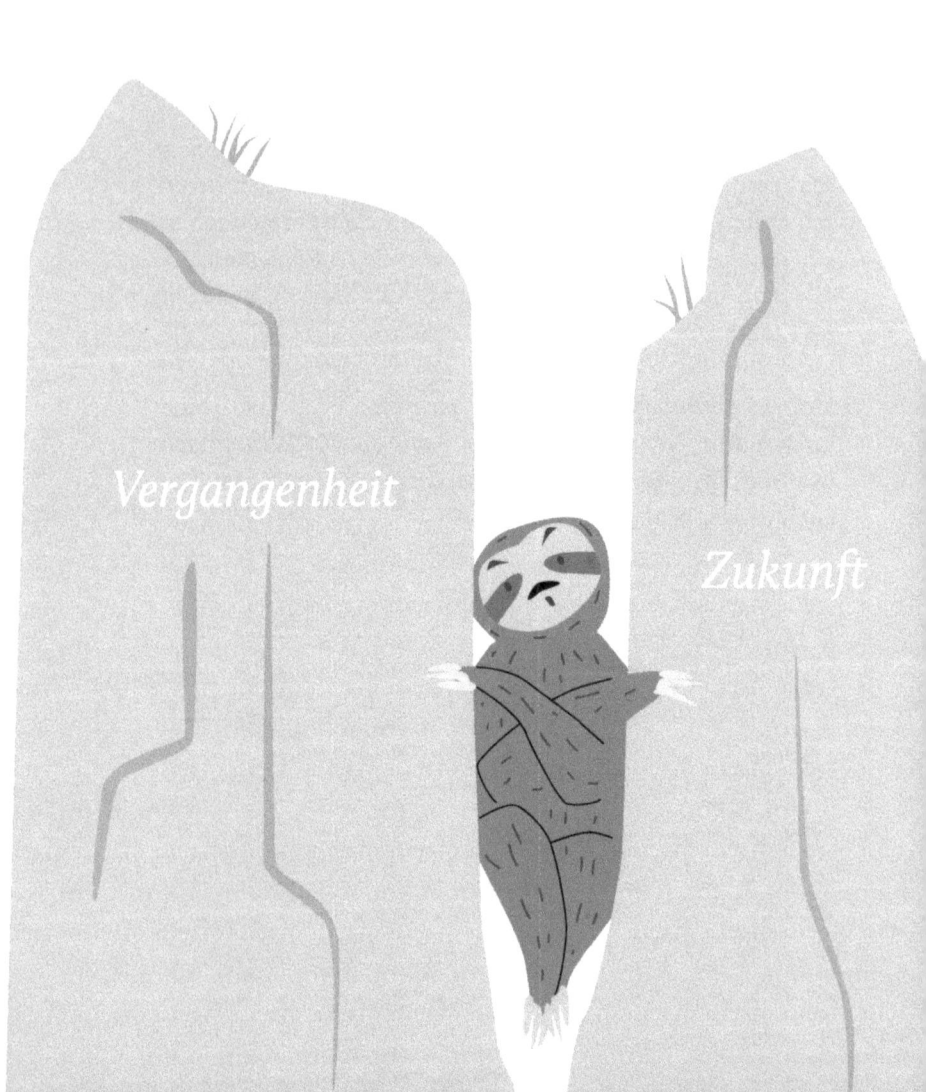

Gegenwartsschrumpfung

Das Wetter im Norden ist im Allgemeinen recht verlässlich. Zwischen Elbe und Ostsee, wo ich die längste Zeit meines bisherigen Lebens verbracht habe, braucht man keine Wetter-App, um vorhersagen zu können, dass von Herbst bis Frühling eine Himmelsfarbe vorherrschend ist: grau.

Im Gegensatz zu den Eskimo, die angeblich Dutzende Wörter für die unterschiedlichen Manifestationen von Schnee haben, begnügen wir Fischköppe uns bei der Beschreibung des mindestens von November bis März vorherrschenden meteorologischen Phänomens mit dem alle seine Spielarten trefflich beschreibenden Begriff des Schmuddelwetters. Der sprachlichen Vielfalt wegen rege ich an dieser Stelle an, ein paar neue Wörter für solchen Regen zu erfinden, der nicht wie ein Schauer oder ein Platzregen senkrecht auf die norddeutsche Tiefebene prasselt. Allein in Abhängigkeit von Tröpfchengröße und Einfallswinkel müssten da doch noch andere Begriffe zu finden sein als Niesel- oder Sprühregen. Wie wäre es beispielsweise mit »kalter Brauser«, »Durchnässer« oder »Horizontalfontäne«?

Zur Ehrenrettung der Nordlichter soll aber nicht unerwähnt bleiben, dass sich aus dem Umgang mit dem Dauerregen eine Lebenseinstellung entwickelt hat, die quasi aus Ermangelung sonniger Aussichten von einem ebenso unglaublichen Optimismus wie von einer stoischen Gelassenheit zeugt. Sprachlich manifestiert sie sich in diesem kurzen Satz: »Da hinten wat dat heller!« Diese plattdeutsche Lebensweisheit will sagen, dass zumindest am fernen Horizont etwas Licht zu erwarten ist. Der Sommer wird schon irgendwann kommen, mag er auch noch so kurz und nass sein.

Das norddeutsche Schmuddelwetter scheint eines der wenigen Dinge zu sein, auf die wir uns noch verlassen können. Ansonsten ist so ziemlich alles um uns herum einer immer schnelleren Veränderung unterzogen. Der Philosoph Hermann Lübbe hat einen ebenso treffenden wie schönen Begriff dafür geprägt: Gegenwartsschrumpfung. Mir gefällt dieses Wort deshalb so gut, weil es mich fast schon körperlich spüren lässt, wie das Veränderungstempo sowohl von der Vergangenheit als auch von der Zukunft her dem Jetzt auf die Pelle rückt. Gegenwart ist die Zeit zwischen Vergangenheit und Zukunft. Das ist noch einfach zu verstehen. Zu begreifen, *warum* die Gegenwart schrumpft, dazu benötigt es einer näheren Betrachtung, wie wir das Jetzt erleben. Dieses Erlebnis hat etwas mit Verlässlichkeit zu tun. Wie weit können wir uns auf unsere in der Vergangenheit gemachten Erfahrungen verlassen? Und wie weit können wir zumindest einigermaßen verlässliche Erwartungen an die Zukunft haben? Je langfristiger der Blick in die Vergangenheit wie auch in die Zukunft uns einen Orientierungsrahmen bietet, desto ruhiger und entspannter wirkt sich das auf unser Leben aus, desto ausgedehnter erleben wir die Gegenwart. Wird die Halbwertszeit unserer Erfahrungen und Erwartungen hingegen kürzer, vergeht auch die Gegenwart schneller. Sie schrumpft. Immer weniger hilft uns das, was wir bereits gelernt haben. Immer verschwommener verflüchtigen sich die Umrisse unserer Zukunft.

Für Lübbe ist die zunehmende Innovationsgeschwindigkeit der Motor dieser Entwicklung. Und bei Innovationen sind wir heute besonders produktiv. Gegenwartsschrumpfung merkt man schon an so banalen Dingen wie Telefonnummern. Die damalige Festnetznummer meines besten Freundes aus der Grundschulzeit habe ich heute noch im Kopf. Damals hatten die Telefone noch Wählscheiben, waren mit einem Kabel über eine Buchse fest mit der Wand verbunden, und die Rufnummern, unter denen man jemanden erreichen konnte, wechselten gefühlt nie. Meine Kinder haben keinen Festnetzanschluss mehr. Mir ihre Handynummern zu merken habe ich mir dagegen inzwischen abgewöhnt. Dass es in jedem Telefon von heute, ob Festnetz oder Mobilfunk, ein Adressbuch gibt, in dem sich die Kontaktdaten bequem speichern und abrufen lassen, ist nicht der Grund dafür. Es ist vielmehr die Erfahrung, dass meine Anrufversuche immer wieder ins Nichts gingen, weil die Kinder mal wieder ihre Anbieter gewechselt hatten. In Spitzenzeiten hatte ich von einer meiner Töchter fünf verschiedene Rufnummern in meinem Handy abgespeichert, wovon nur eine der Schlüssel zu einem Gespräch mit ihr war. Es lohnte sich irgendwann einfach nicht mehr, dass ich mir auch nur eine davon merkte. Da ich nie daran dachte, alte Nummern von ihr zu löschen, half mir das Adressbuch in meinem Mobiltelefon allerdings nur bedingt weiter. Die Verlässlichkeit, meine

Tochter unter einer mir bekannten Ziffernfolge zu erreichen, wurde vielmehr zu einem Glücksspiel mit der Wahrscheinlichkeit, zwei Richtige im Lotto zu haben. Überhaupt ist das Mobiltelefon – oder besser Smartphone – ein Paradebeispiel für die Gegenwartsschrumpfung. Kaum gekauft und ausgepackt, ist es auch schon veraltet. Das nur ein paar Wochen später auf den Markt kommende Modell fängt mit besserer Kamera mehr Pixel ein, ist viel schneller, bedient die neuen Funknetzstandards, hat – je nach Trend – ein kleineres oder größeres Display, auf jeden Fall aber mit feinerer Auflösung, verspricht noch mehr Möglichkeiten durch noch mehr Apps und ist – so die Aussage der Hersteller – noch intuitiver zu bedienen. Wer einigermaßen auf dem aktuellen technischen Stand bleiben will, müsste spätestens alle zwei Monate sein quasi neues Smartphone gegen ein noch neueres austauschen. Mir wird schon bei dem Gedanken schwindelig, der Aufforderung meines Mobilfunkanbieters zu folgen und alle zwei Jahre das alte gegen ein neues Handy auszutauschen. So lange brauche ich in etwa, bis ich mich an das Gerät gewöhne – zumal sich in dem Teil selbst mit jedem zweiten Update so viel ändert, dass ich mich vor lauter neuen Funktionen, Symbolen und Anordnungen nicht mehr damit auskenne. Die Halbwertszeit meines mühsam angelernten Wissens über den Umgang mit dem Hosentaschenrechner gleicht ungefähr der eines Eiswürfels in der prallen Augustsonne auf einer Mittelmeerinsel. Das einzig Verlässliche an dem Gerät ist, dass es mich regelmäßig auffordert, das Betriebssystem und die Programme auf den neuesten Stand zu bringen – und dass der Akku meist dann leer ist, wenn ich damit wirklich einmal telefonieren will.

So offensichtlich uns die digitale Welt die Gegenwartsschrumpfung vor Augen führt, so existenziell beschleunigt sie unsere analogen Lebenswelten. Es ist noch gar nicht so lange her, da wurden Berufe noch vererbt. Wer auf einem Bauernhof geboren wurde, verdiente sein Brot später selbst in der Landwirtschaft, die Kinder und Enkel von Ärzten studierten ebenfalls Medizin, und die von Schustern wurden selbst Schuster. Derartige Verlässlichkeiten finden wir heute fast nur noch aufgrund der immer noch großen sozialen Undurchlässigkeit unseres Bildungssystems, heißt: Kinder aus Akademikerhaushalten studieren in der Regel weit öfter als solche aus Arbeiterhaushalten. Ein paar Generationen später waren die Berufsaussichten glücklicherweise deutlich vielfältiger, aber es war immer noch eher die Regel als die Ausnahme, dass man sein Arbeitsleben in der Firma beendete, in der man es angefangen hatte. Mein Vater gehörte noch zu dieser Generation. Für ihn war es unvorstellbar, in ein anderes Unternehmen zu wechseln. Seine damalige berufliche Gegenwart muss für ihn sehr entspannt gewesen sein. Er konnte sich ebenso darauf verlassen, dass seine gemachten Erfahrungen von Wert waren und Bestand hatten, wie darauf, dass seine Zukunft in einem ihm bekannten Rahmen stattfinden würde. Ich weiß nicht, wie viele verschiedene Stationen ein heute ins Berufsleben eintretender Mensch im Durchschnitt durchlaufen wird, aber ich bin mir sicher, dass es kaum noch Leute gibt, für die es normal und selbstverständlich ist, bis zum Ruhestand in nur einem Unternehmen zu arbeiten. So eine Kontinuität entspricht sicherlich nicht den Lebensentwürfen, die uns im Sinne selbstbestimmter Individualität vorschweben. Heute wird so manche Personalabteilung ja schon misstrauisch, wenn eine Bewerberin oder ein Bewerber irgendwo über zehn Jahre am selben Arbeitsplatz tätig war. Ist so jemand flexibel genug, um die Herausforderungen der modernen Arbeitswelt zu bewältigen? Flexibilität – also die Fähigkeit, elastisch, biegsam und anpassungsfähig zu sein – wird zu einer immer wichtigeren Voraussetzung, überhaupt noch einen Job zu bekommen. Ist man auf einen bestimmten Ort, auf feste Arbeitszeiten oder auf ein begrenztes Aufgabengebiet eingeschränkt, verringert das die beruflichen Chancen immens. In vielen öffentlichen Berufen, in denen frühere Generationen als Beamte sich auf eine lebenslange Beschäftigung verlassen konnten, werden zunehmend Angestelltenverhältnisse angeboten – gern befristet. Auch die Unternehmen wollen so flexibel wie möglich sein. Die Märkte ändern sich so rasant, dass es zum Wettbewerbsvorteil wird, sich bei Bedarf möglichst ohne Wartezeit und Probleme von Mitarbeiterinnen und Mitarbeitern trennen zu können, wie es heißt, um das unschöne Wort entlassen zu vermeiden. Die Anzahl der Leiharbeiterinnen und Leiharbeiter ist mit über einer Million Menschen in Deutschland so hoch wie noch nie. Die Halbwertszeit unserer beruflichen Zukunft hat sich dramatisch verkürzt – und ich habe da so eine Ahnung, dass wir noch lange nicht das Ende der Fahnenstange erreicht haben. Wenn die durchschnittliche Verweildauer der Angestellten in einer Firma allerdings nur noch ein halbes Jahr beträgt – und ich kenne Unternehmen, in denen sich so etwas abspielt –, dann verengt sich die Gegenwart auf einen beklemmend kleinen Zeitraum.

Dass die Gegenwartsschrumpfung auch nicht vor unseren Lebenspartnerschaften haltmacht, verwundert mich nicht. Die durchschnittliche Ehe in Deutschland hat zwar rund fünfzehn Jahre Bestand, und nur die knappe Hälfte der Paare lässt sich scheiden, aber im Generationenvergleich gibt es heute viel weniger Ehen als früher, und seit dem ausgehenden 20. und beginnenden 21. Jahrhundert geben sich die Paare erst viel später das Ja-Wort fürs Leben. Dass sich seit den 1960er-Jahren der Anteil von Single-Haushalten von rund 20 Prozent auf gut 40 Prozent verdoppelt hat, lässt zumindest vermuten, dass trotz der Sehnsucht nach der großen Liebe immer weniger Menschen es wagen, sich in gemeinsamen vier Wänden längerfristig aufeinander einzulassen. In den zum Land vergleichsweise schnelllebigen Großstädten zeigt sich das besonders deutlich. Der Anteil an Single-Haushalten ist hier extrem hoch.

Auch der Rückgang des Kinderkriegens ist ein Beleg für die Gegenwartsschrumpfung. Die Entscheidung für ein Kind ist eine der wenigen, die sich nicht mehr so leicht rückgängig machen lässt. Etwas, das ich gekauft habe, kann ich wieder verkaufen, verschenken oder wegschmeißen. Einen

Job kann ich wechseln. Selbst eine Lebenspartnerschaft kann ich beenden. Mein Kind bleibt aber mein Kind - für immer. Diese Langfristigkeit passt so gar nicht in das Bild eines flexiblen Menschen. Sind wir reichen Industriegesellschaften vielleicht auch deshalb so arm an Kindern?

So naheliegend diese Vermutung ist, so fern liegt es mir, die Möglichkeiten der Veränderung in den Bereichen der Partnerschaft und des Berufs zu verteufeln. Im Gegenteil: Wer in einem miesen Job oder einer schrecklichen Beziehung bleiben müsste, würde damit bestimmt nicht glücklich. Die Freiheit, unser Leben verändern zu können, hat allerdings unter anderem den Preis eines beschleunigten Lebenstempos. Und wenn Veränderung zum Selbstzweck wird, dann darf man sich nicht wundern, dass die Gegenwart so sehr zusammenschrumpft, dass wir sie nicht mehr wahrnehmen können und das Leben an uns vorbeirauscht. Vielleicht sehnen sich angesichts eines solchen Gegenwartsvakuums deshalb heute so viele Menschen nach etwas Beständigem - nach etwas, das bleibt. Unser Drang, alles irgendwie zu konservieren, erscheint mir als ein Versuch, ein paar Haltegriffe in unser Leben einzubauen. Hermann Lübbe sah den Aufbau von Museen als ein Anzeichen dafür. Heute haben wir alle unsere ganz persönlichen Museen: mit tausenden Fotos gefüllte Galerien auf unseren Smartphones und Festplatten, in unseren digitalen Wolkenspeichern und Ablageboxen. Von Sekunde zu Sekunde erweitern sich die digitalen Sammlungen um zahllose neue Bilder. In meiner Kindheit gab es noch Dia-Abende. Die Jüngeren unter Ihnen, liebe Leserinnen und Leser, werden wahrscheinlich gar nicht mehr wissen, was ein Dia ist, geschweige denn einmal ein Monster von Diaprojektor zu Gesicht bekommen. Sie kennen den Begriff der Diashow vermutlich nur noch als Funktion von Bildbetrachtungsprogrammen auf dem Computer. Die ursprüngliche Diashow war ein ebenso aufwendiges wie mehrheitlich verhasstes Ritual. Damals fotografierte man noch analog. Die Älteren erinnern sich: Dazu musste man Filme in die Kamera einlegen, die in der Regel 24 oder 36 Bilder aufnehmen konnten. Beim sogenannten Dia- oder Umkehrfilm, der besonders gern für Urlaubsbilder genutzt wurde, bekam man nach dessen chemischer Entwicklung Filmstreifen zurück, die feinsäuberlich in einzelne Bilder geschnitten und in kleine Plastik- oder Glasrahmen gefriemelt werden mussten. Für Grobmotoriker wie mich war allein das schon eine Qual, die in ihrer Unerträglichkeit nur noch von eben jenen Dia-Abenden übertroffen wurde, an denen die bildgewordenen Urlaubseindrücke vorgeführt wurden. In speziellen Kassetten sortiert wurden die Durchlichtbilder in einen Projektor geschoben, in einem dunklen Raum an eine Leinwand, die gern ein aufgespanntes Betttuch sein konnte, geworfen und dabei so ausführlich kommentiert, dass ein Spielfilm mit Überlänge dagegen wie im Flug vergeht. Wenn Quentin Tarantino in »Pulp Fiction« John Travolta, Samuel L. Jackson und Uma Thurman über zweieinhalb Stunden viel Unheil anrichten und erleben lässt, für den Western »Django unchained« noch einmal zehn Minuten länger braucht und die blutige Geschichte der »Hateful Eight« gar über drei Stunden ausbreitet, mag das ungemein kurzweilig sein. Die Regisseurinnen und Regisseure von Diashows verfügten in der Regel über deutlich weniger Erzähltalent. Der einzige Trost war, dass durch die analoge Begrenzung des Fotomaterials auf besagte 24 oder 36 Bilder pro Film von jedem Motiv in der Regel nur ein oder zwei Aufnahmen gemacht wurden. Diese Praxis sollte man vielleicht auch für das digitale Fotografieren wieder einführen. Die meisten elektronisch gespeicherten Fotos bleiben ja ohnehin unbetrachtet. Ihr eigentlicher Sinn besteht darin, so meine Unterstellung, etwas festzuhalten, was sich beim heutigen Vergänglichkeitstempo sonst schon nach wenigen Momenten verflüchtigt hätte. Unser Heißhunger auf Zukunftsprognosen dürfte sich aus demselben Bedürfnis heraus entwickelt haben – nur eben nach vorn gerichtet. Wir sehnen uns umso mehr nach Propheten, je weniger verlässlich wir ahnen können, was auf uns zukommt. Eines der vielen dem amerikanischen Baseballspieler Yogi Berra zugeschriebenen Bonmots bringt es auf den Punkt: »Die Zukunft ist auch nicht mehr das, was sie einmal war.« Allen, die nach einer Erfolg versprechenden Geschäftsidee suchen, kann ich nur empfehlen, irgendetwas ins Auge zu fassen, das entweder die Illusion eines Festhaltenkönnens an der Vergangenheit oder einer verlässlichen Vorhersage verkauft – also irgendetwas mit Bildern zu machen oder eine Zukunftsforschungsstätte zu gründen. Der Bedarf dafür wird in dem Tempo weiter steigen, in dem unsere Gegenwart schrumpft.

Anscheinend aber erwächst aus dem Bedürfnis nach Nachhaltigkeit noch lange kein entsprechender Wille. Womit wir zurück beim Wetter sind. Denn selbst am Klima arbeiten wir ja schon kräftig. Der sich über Jahrhunderte vollziehende Klimawandel scheint uns viel zu langsam zu gehen. Da muss man doch etwas machen können! Kann man. Machen wir auch. Lebe wohl, du hassgeliebtes norddeutsches Schmuddelwetter. Wir machen jetzt Wetterinnovationen. Vielleicht erfinden wir ja auch noch etwas, womit sich die Erde selbst schneller drehen lässt. Dann würden die Tage und Nächte nicht mehr so lange dauern – und wir hätten in einem Jahr auch ein paar mehr davon.

Auf
die Plätze!
Fertig! Los!

Gegen die Zeit

Wer oben mitspielen oder vorn dabei sein will, muss sich ordentlich anstrengen. Das gilt vor allem im Sport, aber auch in der Wirtschaft. Ich weiß davon ein langes Lied zu singen, stehe ich doch mit meiner Firma seit einem guten Vierteljahrhundert im Wettbewerb um die Gunst von Kunden. Wer will schon einen Auftrag an jemanden vergeben, der ihn wahrscheinlich nur mittelprächtig ausführen wird? Bei den Olympischen Spielen gibt es zumindest noch Silber- und Bronzemedaillen – und der Grundsatz »Schneller, höher, weiter« ist um das Motto »Dabei sein ist alles!« ergänzt worden. Im Wirtschaftsleben sind die Regeln schon deshalb härter, weil man sich bei jedem Kauf für nur ein Produkt entscheidet. Schon der Zweitplatzierte geht leer aus. Im Geschäftsleben muss man sich besonders anstrengen, um überhaupt mitspielen zu können. Der dem Wort »Anstrengung« seine Bedeutung gebende Teil ist die Strenge. Die verbinden wir in unseren Gedanken automatisch mit recht unangenehmen Gefühlen und assoziieren eine unsympathische Eigenschaft. Ein Winter kann durchaus schön sein – aber was ist mit einem strengen Winter? Und haben Sie umgekehrt einmal von einem strengen Sommer gehört? Das Wort »streng« schmeckt schon auf der Zunge bitter, ist so hart und kalt wie Stahl und bis zur Herzlosigkeit bar jeden Humors, dass es sich mit so schönen Dingen wie einem sonnigen Sommer selbst beim besten Willen nicht koppeln lässt. Trotzdem ist die mit dem Wettbewerb verbundene Strenge bis in den letzten Winkel unseres Lebens vorgedrungen, lässt uns keine Ruhe, sondern treibt uns mitunter bis in den Wahnsinn. Sich selbst ab und zu einmal zu fordern, kann eine schöne, in gewissen Momenten gar befriedigende Sache sein. Mir geht es beispielsweise beim Radeln so. Irgendein Gen – wahrscheinlich eines auf dem Y-Chromosom – lässt mich immer dann besonders kräftig in die Pedale treten, wenn mich ein Geschlechtsgenosse auf seinem Drahtesel überholt. Solange meiner Frau das noch ein Lächeln abringt, wenn ich an der nächsten Weggabelung auf sie warte, bleibt mein Wettbewerbsreflex harmlos. Würde ich mich ständig messen wollen, müsste ich garantiert auf den Genuss gemeinsamer Ausfahrten mit meiner Liebsten verzichten. Wahnsinniger Eifer tötet jede Lust.

Gegen einen gelegentlich durch Sport, Spiel oder Arbeit ausgelösten Dopamin-Kick spricht auch aus der Haltung eines Müßiggängers nichts. Im Gegenteil wird der Geschmack des Nichtstuns dann besonders süß, wenn man die Bitterkeit der Anstrengung schon einmal gekostet hat. Was aber daran gut und sinnvoll sein soll, pausenlos und überall wettzueifern, will sich mir auch bei angestrengtem Nachdenken nicht erschließen. Trotzdem sind wir – die Gruppe der Zwangsentschleunigten ausgenommen – eine Gemeinschaft von Wettbewerbsjunkies geworden, die mir manchmal so armselig vorkommen wie eine Gruppe Drogenabhängiger, die ohne Kokain oder Amphetamin, das im Jargon passenderweise »Speed« genannt wird, nicht mehr leben können. Der Irrsinn geht heute ja bereits los, bevor ein Mensch seinen ersten Atemzug macht. Die beste Startposition für den lebenslangen Wettlauf wird schon im Mutterleib erkämpft. Für 40

Dollar kann man sich einen Babybeschallungsgürtel zulegen, um den Intelligenzquotienten des angehenden Weltbewohners positiv zu beeinflussen. Eine begeisterte Nutzerin freut sich über die so erzielte Turboentwicklung: »Schon mit vier Wochen konnte unser Baby sein Fläschchen selbst halten!« Sonst noch Wünsche? Wie wäre es mit didaktischen Lernvideos für unter Zweijährige? Kein Scherz: In den USA wird das bei über 40 Prozent der Babys schon praktiziert. Weniger exotisch, aber noch deutlicher in der Absicht als die vorgeburtliche Mozartbeschallung und die Zwangsbeglückung der neuronalen Netze in den Gehirnen von Windelkindern, sind die bildungspolitischen Diskurse über die Frühförderung. Statt die Kleinen einfach spielend und neugierig, wie sie von Natur aus sind, die Welt entdecken zu lassen, soll der Kindergarten zur Schule mutieren, mindestens zweisprachig, am besten schon mit regelmäßigem Lese- und Schreibunterricht. Wer nicht alles darauf anlegt, seine Sprösslinge schon vor der Schule zu kleinen Einsteins heranwachsen zu lassen, muss sich den Vorwurf der Verantwortungslosigkeit gefallen lassen. Wer als Kind einfach nur Kind sein darf, wird schon vor dem Erhalt der Schultüte abgehängt und zeit seines oder ihres Lebens Wettbewerbsnachteile im Kampf um die besten Jobs und Chancen haben. In der Schule selbst geht es oft mehr oder weniger heiter mit Noten weiter. In einer Meinungsumfrage von Anfang 2019 wünschten sich drei Viertel der Befragten, die schulischen Leistungen ihrer Kinder mit Noten bewerten zu lassen. Die lassen sich, so meine Vermutung, so schön einfach vergleichen.

Rankings, wie die Ranglisten heute genannt werden, sind zum gängigen Orientierungsrahmen geworden. Es geht fast nur noch um den Vergleich. Wer hat die meisten Follower, Likes und Friends in den Portalen der großen Datenkraken? Wessen Smartuhr hat die meisten Schritte aufgezeichnet? Vor lauter Zahlen vergessen wir zunehmend, was eigentlich Freundschaft und Zuneigung bedeuten – und wie wunderbar entspannend ein gemütlicher Spaziergang sein kann. Rankings prägen heute auch den Wissenschaftsbetrieb. Wer hat die meisten Veröffentlichungen und wird am häufigsten zitiert? Welche Uni produziert die meisten Absolventinnen? Wer zieht die größten Fördersummen an Land? Meine wunderbare Zeit als Bummelstudent könnte ich seit der mit dem Bologna-Prozess vereinheitlichten Straffung und Verschulung der Bachelor- und Masterstudiengänge nicht mehr erleben. Einfach ein Semester einmal irgendwo hineinschnuppern, wo es neben den gewählten Fächern auch ganz interessant sein könnte? Das ist heute schier unmöglich. Ich wundere mich immer wieder aufs Neue, warum das die Lehrenden, Forschenden und Studierenden fast widerstandslos einfach mitmachen. Vielleicht sind ja inzwischen alle schon frühförderungsgeschädigt.

Wem der Wettbewerbsdruck von außen und die Vergleiche mit anderen noch nicht genug sind, kann auch noch gegen sich selbst antreten. Das neudeutsche Zauberwort dafür heißt *challenge*. Die damit gemeinten Herausforderungen sind in diversen Apps und smarten, mit Sensoren ausgestatteten

Kleingeräten rund um die Uhr gegenwärtig. Statt der für die Erhaltung der eigenen Gesundheit von diversen Ratgebern und Gesundheitsgurus fast schon vorgeschriebenen 7000 zu absolvierenden Schritten pro Tag kann man die Bewegungsdosis so hoch setzen, dass man das neue Ziel nur mit größter Anstrengung und eiserner Disziplin erreicht. Hat man die 10 000er-Marke durchbrochen, legt man einfach noch einmal ein paar tausend Schritte drauf. Wer es gern schneller mag, legt abzulaufende oder abzustrampelnde Strecken fest, für die bei jedem Training eine neue Bestzeit zu erkämpfen ist. Bei Radlern besonders beliebte *challenges* sind extreme Steigungen, auf denen man das Tempo dann von Mal zu Mal weiter steigert. Und auch das eigene Körpergewicht wird gern mit einer selbst gesetzten Zielmarke zur täglichen Herausforderung. Zwei Kilogramm weniger in zwei Wochen. Das ist doch mal eine ordentliche *challenge.* Hat man irgendwann den Körper da, wo man sich in ihm wohlfühlen könnte, erhöht man die Herausforderung einfach um ein paar zusätzlich abzunehmende Pfunde. So wird das eigene Ich zum ultimativen Endgegner.

Im Wettbewerb muss alles ständig optimiert werden. Wahnsinnige habe ich schon sagen hören, dass sie »das Optimalste« herausholen wollten. Es fällt ihnen schwer zu akzeptieren, dass sich ein Optimum nicht mehr steigern lässt. Und dass etwas gut ist oder ausreichend, passt nicht in ihr Weltbild. Besonders eindrucksvoll zeigt sich diese Haltung beim Fitnesswahn. Während ich diese Zeilen schreibe, sitze ich in

Kassel. Als ich vorhin Brötchen holen gegangen bin, kam ich an einigen Fitnessstudios vorbei. In dem einen folterte sich gerade eine junge Frau mit Unterstützung eines eigenartigen Elektroanzugs, der – so versprach es die Werbung – in nur 20 Minuten fit mache. Es sah sehr anstrengend und sehr wenig freudig aus, was sie tat. Aber auf Freude kommt es ja nicht an; schnell soll es gehen und effizient soll es sein. Ob die Scheiben des Studios absichtlich nicht mit einem Blickschutz versehen waren, kann ich nicht sagen, mit Sicherheit aber, dass ich mir beim Vorbeigehen vorkam wie ein Zoobesucher, dem das typische Verhalten des *Homo sapiens* im frühen 21. Jahrhundert vorgeführt wird. Doch damit nicht genug. Das nur wenige Schritte weiter liegende Studio präsentierte in großen Lettern seinen Namen: »Fast Fitness.« Ich fragte mich, ob hier wohl eine außerordentlich findige Werbeagentur eine besonders hintersinnige Namensgebung gefunden hat – oder ob es nur eine Ironie der Sprache ist, dass das englische Adjektiv *fast* zwar mit »schnell« übersetzt werden kann, wenn man es aber als deutsches Wort liest, es eine eigene, ganz andere Bedeutung hat. Wer sein Sportstudio »Beinahe Fitness« oder »Annähernd gesund in Form« nennen würde, müsste mit dem Ehrlichkeitsorden am Bande ausgezeichnet werden. Denn auch wenn das einige andere Studios in ihrem Namen behaupten: Die perfekte Fitness gibt es nicht. Etwas Perfektes ist abgeschlossen, nicht mehr änderbar. Die Triebkraft, die uns scharenweise in die Sporthallen führt, ist aber gerade – wenigstens in unserer Wahrnehmung – die Mangelhaftigkeit unserer Körper und die zu wendende Not, alles andere als perfekt zu sein. Es geht immer noch etwas mehr und etwas besser. Und in dem Moment, wo wir aufhören, uns körperlich zu optimieren, fallen wir auch schon zurück. Wir sind nie richtig fit, immer nur fast fit. Nach dem Training ist vor dem Training. Der Wettbewerb wird zum grenzenlosen Selbstzweck.

Selbst bei dem, was man früher Fest genannt hat, ist die Zahl wichtiger als die Freude der Feiernden. Wenn Tausende von Leuten kommen, ist ein Fest auch kein Fest mehr, sondern erhält das begehrte Prädikat »Event«. Quantität schlägt Qualität. Letztere lässt sich ja auch so schlecht messen. Wenn zu einem Stadtfest oder Weihnachtsmarkt ein paar Tausend Menschen mehr kommen als im Vorjahr, erst dann ist es gelungen – selbst wenn vor lauter Würstchen- und Glühweinständen kaum noch zu erkennen ist, in welcher Stadt da gerade gefeiert wird. Vor lauter Vergleichen machen wir alles gleich. Das ist – im Gegensatz zum Nichtstun – nun wirklich langweilig. Überhaupt ist unsere Kultur des Feierns zu einer Abarbeitung von Wettstreitigkeiten heruntergekommen. Ein Blick unter den Weihnachtsbaum reicht aus, um das festzustellen. Da türmen sich unzählige Geschenke, und jeder will das Beste, das Schönste, das pädagogisch Wertvollste oder das Ausgefallendste bescheren. Inmitten des Überflusses von oft nervtötend quäkendem oder piepsendem Spielzeug haben die Kinder kaum noch die Gelegenheit, sich auf etwas davon einzulassen oder sich über etwas wirklich zu freuen. Auf die Weihnachtstafel muss selbstverständlich das perfekte

Menü gezaubert werden, mit dem man, würde es denn gesendet werden, selbst ein Fernseh-Kochduell gewinnen würde. Und harmonisch soll es – nein, muss es – werden. Unterm Strich wird die einst stille Nacht zu dem Tag im Jahr, an dem es den meisten Stress gibt. Ich habe irgendwann beschlossen, den ganzen Zinnober nicht mehr mitzumachen. Keine Geschenke. Kein Brimborium ums Weihnachtsessen. Nicht einmal mehr einen Weihnachtsbaum. Die mich schon im September in den Supermärkten blöde angrinsenden Schokoweihnachtsmänner, die ab November auf allen Frequenzen gnadenlos bimmelnden »Jingle Bells« und die akustische Allgegenwärtigkeit von Wham!s »Last Christmas« empfinde ich als einen rücksichtslosen Angriff auf Gehör und Gemüt. Der bisherige Attackenhöhepunkt: Eines Dezembertages 2015 verbarrikadierte sich der junge Radiomoderator Joe Kohlhofer im Studio von Antenne Kärnten und spielte den Wham!-Song vierundzwanzigmal in Dauerschleife, über zwei Stunden lang. Selbst wenn man hinter der Dudelei einen PR-Gag vermuten könnte, der vielleicht auch mit der Absicht inszeniert wurde, so ins Guinness-Buch der Rekorde zu kommen, bleibt die Aktion doch eine unerträglich gelungene Satire, die zeigt, was ich mit dieser Art der Lärmbelästigung meine. Beschallt wird man von allen Seiten auch in den Innenstädten, und der dort zu beobachtende kollektive Kaufrausch versaut mir die Weihnachtsstimmung endgültig. Würden wir öfter feiern, könnte sich unser Verhältnis zu und unser Verhalten an den Feiertagen vielleicht wieder etwas entspannen. In Deutschland bringen es neun der 16

Bundesländer gerade einmal auf zehn Feiertage, die nicht regelmäßig auf einen Sonntag fallen. Die Bayern freuen sich übrigens über drei mehr. Die Sonntage sind auch so etwas wie »Feiertage«, die Samstage zähle ich allerdings nicht dazu, wenngleich die meisten Erwerbstätigen eine Fünftagewoche haben, denn an denen gehen wir in der Regel und sehr fleißig unserer Konsumarbeit nach. Die Kultur des zweckfreien Flanierens ist längst der des Shoppings gewichen. Für das Jahr 2019 ist die Zahl der gesetzlich erlaubten verkaufsoffenen Sonntage von vormals vier auf acht verdoppelt worden. Ich bin gespannt, ob die Rechnung der Geschäftsleute aufgeht und wir, anstatt auszuschlafen und einfach einmal Ruhe zu geben, nun noch mehr Zeug kaufen, das wir für unser Glück nicht brauchen.

Nicht einmal vor der Kunst macht der Wettbewerb halt, wenn Werke zunehmend ihres erzielten Kaufpreises und damit der erzielten Aufmerksamkeit wegen bewundert werden. Auch in der Politik, wo es – mit welchen Meinungen und Einstellungen auch immer – um das Gemeinwohl gehen sollte, ist das Wettbewerbssystem so tief eingedrungen, dass der Blick auf die neuesten Meinungsumfragen das Wichtigste zu werden scheint. Meinen größten Respekt zolle ich denen, die sich mit fast engelsgleicher Geduld und einer auch von Meinungsumfragen und mächtigen Lobbys nicht korrumpierbaren demokratischen Haltung dafür einsetzen, die Ideen unserer rechtsstaatlichen und sehr klug formulierten Verfassung am Leben zu erhalten, wiederzubeleben oder in die neuen

Umweltbedingungen zu übersetzen. Das muss unglaublich schwer sein, denn je demokratischer Entscheidungen ausgehandelt werden, desto mehr Zeit brauchen sie. Die wirtschaftlichen und technischen Entwicklungen funktionieren nach einer anderen Zeitlogik: Wer schneller ist, gewinnt den Wettbewerb. Diese gegensätzliche Taktung befeuert mit großer Macht die Rufe nach einfachen, schnellen, oft populistischen und leider auch nationalistischen Lösungen.

Mein viel zu früh verstorbener Freund und Weggefährte Joachim Koch hat in seinem Buch *Weder – Noch. Das Freiheitsversprechen der Ökonomie* so pointiert wie kein zweiter beschrieben, dass Gesellschaften immer von Megaphilosophien geprägt worden sind. Es gab Zeiten, da hat die Religion alle Lebensbereiche bestimmt, später war es die Idee der Nation, dann die des Staates und heute eben die der Ökonomie. Wie absurd und anmaßend die Übergriffigkeit der jeweiligen Megaphilosophien sein kann, offenbart sich den meisten Menschen erst nach deren Überwindung. Steckt man mittendrin in der Manifestation einer Megaphilosophie, erscheinen selbst die unsinnigsten Ausprägungen auf den ersten Blick wie selbstverständlich – und die brutalsten werden oft schweigend mitgetragen. Die Erde darf sich nicht um die Sonne drehen. Hexen sind für das Übel der Welt verantwortlich und gehören auf den Scheiterhaufen. Am deutschen Wesen wird die Welt genesen. Der Staat bestimmt, wie wir zu leben haben. Was nicht messbar ist, existiert auch nicht. Der Markt – mit seinem Wettbewerbsprinzip – regelt alles, wirklich alles. Megaphilosophien halten sich hartnäckig in unserem Bewusstsein und kippen erst dann, wenn sie ganz offensichtlich das zerstören, was sie zu schützen vorgeben. Die Philosophie der Ökonomie verspricht uns grenzenlose Freiheit. Jedes Individuum kann tun und lassen, was es will. Wir alle haben es selbst in der Hand. Dass wir dabei auf dem direkten Weg von einer Gemeinschaft zu einer Ansammlung egoistischer Individualisten sind, vom Diktat der pausenlosen Effizienz angetrieben, vom Prinzip des Wettbewerbs beschleunigt und am Ende so erschöpft, dass für schöpferische Muße keine Kraft mehr bleibt, wird genauso wenig erwähnt wie die fortschreitende Sinnentleerung und die sich in unserer Gesellschaft wie eine Epidemie ausbreitende Vereinsamung.

Erwähnte ich am Anfang dieses Kapitels, wie anstrengend so ein Dauerwettlauf ist? Warum begrenzen wir den Wettbewerb nicht einfach auf die Bereiche, wo er wie beim Sport Spaß macht oder wie in der Wirtschaft sinnvoll ist? Ich fürchte, und deshalb heißt dieses Buch so, wie es heißt, dass es uns umso schwerer fällt, einfach einmal kraftvoll nichts zu tun, je mehr und schneller wir uns vom Wettbewerb antreiben lassen. Bewusstes Nichtstun ist etwas anderes als erschöpftes Herumhängen. Würde der Volksmund sonst behaupten, dass in der Ruhe die Kraft liegt?

Im dauernden Wetteifer und Geschwindigkeitsrausch rennt man an den guten Ideen vorbei. »Faulheit ist der Humus des

Geistes«, formulierte ausgerechnet ein Schwabe, Thaddäus Troll, in einer wunderschönen Satire. Ich habe sie in einem Buch über Faulheit gefunden, das mein Vater 1959 seiner Liebsten und meiner späteren Mutter zu ihrem 23. Geburtstag geschenkt hat. Quasi auf dem Höhepunkt der strebsamen Wirtschaftswunderzeit schrieb er ihr folgende Widmung in den *Almanach für Manager und solche, die es nicht werden wollen:* »Meiner lieben Lieselotte für den Urlaub – und sonst auch manchmal – zur Beherzigung empfohlen.« Er war ein wahrer Meister darin, stundenlang einfach nur in den Sternenhimmel zu schauen. Als Mitgift seiner Gelassenheit wurde ihm eine außergewöhnliche Kreativität geschenkt. Er hat unzählige Dinge erfunden – meist sehr lustige Spielgeräte, die neben mir auch ganze Scharen von Kindern aus der Nachbarschaft begeistert haben. Mein absoluter Liebling war eine alte Klobrille, die er zu einer Blasrohr-Zielscheibe umbaute. Traf man das auf einem Rundstab montierte Sperrholzgesicht auf seine dicke Triefnase, klappte der Deckel zu, und man konnte folgenden wunderbaren Satz lesen: »Klappe zu, Affe tot.« Was für ein Spaß! Für sein erstes Enkelkind baute er einmal einen Gullideckel. In den konnte man ganz zauberhaft Sachen hineinplumpsen lassen, kleine Steinchen oder auch Wohnungsschlüssel. Es war ein völlig zweckfreies Spiel ohne Gewinner und Verlierer, dem der kleine Johannes stundenlang nachgehen konnte. Ich glaube, dass es auch der aus seiner Ruhe sprudelnde Ideenreichtum war, der ihn als Mitarbeiter seines lebenslangen Arbeitgebers so wertvoll gemacht hat. Wenn ich mich richtig erinnere, hat er auch einige nützliche Dinge mit erfunden – eine neue Generation von Inkubatoren für Frühgeborene zum Beispiel. Er hat das aber nie an die große Glocke gehängt.

Die besten Ideen – für zweckfrei Vergnügliches wie für Sinnvolles – entstehen oft aus dem Nichts. Einer meiner Lehrmeister, der geniale Rolf Berth, erzählte mit großer Leidenschaft die Geschichte, wie eine große Technikfirma den ersten massentauglichen Tintenstrahldrucker erfunden hatte. Ein Entwicklerteam wurde einfach für drei Jahre völlig in Ruhe gelassen, musste keine Berichte schreiben, keine Zahlen vorlegen, sondern einfach nur denken und tüfteln. Die Firma verdient noch heute viel Geld mit der auf diese sympathische Weise entwickelten Technologie.

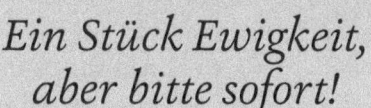

Ein Stück Ewigkeit,
aber bitte sofort!

Haben Sie sich auch schon einmal gefragt, weshalb die besonders schönen Erlebnisse eigentlich immer zu schnell vergehen? Der Urlaub? Das ausgelassene Fest mit guten Freundinnen und Freunden? Guter Sex? Und vor allem: das Leben überhaupt. Ich vermute, das hat uns Menschen schon immer gewurmt. Und ich bin mir ziemlich sicher, dass deshalb so gut wie alle Religionen etwas Geniales erfunden haben: den Glauben an die Ewigkeit. Im Christentum stehen wir nach unserem Tod irgendwann einfach wieder auf und leben dann ewig weiter – so lernen wir es im Glaubensbekenntnis. Weil wir ganz gern wüssten, wo wir dann so lange bleiben, haben wir auch noch Himmel und Hölle zur Wahl gestellt. Je nachdem, wie wir uns in unserer kurzen Zeit auf der Erde verhalten, so die geläufige Vorstellung, schmoren wir im Höllenfeuer oder lauschen dem Chor der Engel. Auch wenn die erste Option mitunter beängstigend ist, so hat die Ewigkeit doch einen entscheidenden Vorteil: Wir brauchen in ihr keine Angst zu haben, etwas zu versäumen.

Der Glaube an unseren Fortbestand im ewigen Jenseits hatte über viele Jahrhunderte das Leben im zeitlich begrenzten Diesseits geprägt. Eine der entscheidenden Folgen dieser Vorstellung war eine für heutige Verhältnisse unglaublich entschleunigte Lebenshaltung. Es reichte im Grunde aus, nichts Böses zu tun, um beim Jüngsten Gericht eine unkündbare Dauerkarte für die guten Plätze im Himmel zu bekommen. Spätestens mit der Aufklärung war dieser Glaube Geschichte geworden. Der Siegeszug der Vernunft hat uns zwar aus der

Unterwerfung unter diesen Glauben befreit, aber die neue Freiheit hatte unter anderem den Preis, dass wir nun selbst über unsere Zeit herrschten. Der Allmächtige war nicht mehr allgegenwärtig. Seitdem haben wir unser Leben selbst in der Hand. Doch statt uns mit Besonnenheit über diese Errungenschaft zu freuen und unsere Vernunft dafür einzusetzen, unser Leben so zu gestalten, dass wir es glücklich verbringen können, gerieten wir in eine kollektive Panik. Kein Fortschritt in Wissenschaft, Medizin, Technik und Politik – und davon gab es seit der Aufklärung wahrlich viele und bisweilen sogar erstaunlich nutzbringende – konnte uns davor bewahren, dass unser Dasein ein Ende hat – und damit viel zu kurz ist, um all die Errungenschaften der neuen Freiheit auszukosten. Mit ihrer Verknappung wurde die Zeit zum kostbarsten Gut. Mit jedem gelebten Jahr wird dieses Gut noch knapper, selbst wenn wir alle über einhundert Jahre alt würden. Wenn wir Pech haben, ist es vielleicht sogar schon morgen vorbei mit uns. Der Verlust des ewigen Lebens schürte – wie so viele Dinge, die wir nicht haben können – unsere Sehnsucht danach noch stärker an. Statt zu lernen, mit dem Lebenswiderspruch von Macht und Ohnmacht vernünftig umzugehen, entwickelten und kultivierten wir Strategien, Denk- und Handlungsmuster, um möglichst wenig zu versäumen. Seitdem ist Schluss mit Muße.

Die gängigste Taktik, ein Stück Ewigkeit auf Erden zu erheischen, ist seitdem, das Leben mit möglichst vielen Erlebnissen zu füllen. Kein Tag darf ungenutzt bleiben, keine

Stunde verplempert werden. Es werden Pläne gemacht und To-do-Listen geschrieben. Es wird fleißig organisiert und optimiert. Die Zeit wird »gemanagt«, um noch mehr in jede Einheit hineinzubekommen. Das Konzept hat bloß einen Haken, nämlich dass ein gefülltes Leben nicht automatisch auch ein erfülltes ist. Viele kurze Episoden reihen sich so aneinander und werden doch nicht zu echten Erfahrungen. Ich kann mir an einem Tag vielleicht zwanzig Sehenswürdigkeiten einer Stadt anschauen und sie fotografieren. Die schiere Menge der Eindrücke führt aber automatisch dazu, dass mich von dem Gesehenen nichts wirklich berührt. »111 Orte in Hamburg, die man gesehen haben muss«, fordert mich das Cover eines Reiseführers auf. Wenn ich das erledigt habe, wie viele Städte muss ich dann noch besuchen, um mitreden zu können? Das Vollstopfen als Strategie gegen die eigene Vergänglichkeit wirkt im Urlaub besonders widersinnig. Die eigentliche Idee von mehreren arbeitsfreien Tagen am Stück ist meiner Erinnerung nach, sich von den Strapazen des beruflichen Alltags zu erholen. Doch statt abzuschalten wird vielerorts erst richtig durchgestartet. Mitnehmen, was mitzunehmen geht, lautet die Devise – nicht nur beim All-inclusive-Büfett. Wer nichts versäumen will, muss eben auch in den Ferien früh aufstehen.

Ich wurde einmal in einen kleinen Urlaubsort eingeladen, um mit den lokalen Verantwortlichen aus Politik, Tourismus und Handwerk über Entschleunigung zu sprechen. Das Städtchen liegt an einem schönen See mitten in der mecklenburgischen Landschaft. Ich habe mir einen Tag Zeit genommen, um auf einer Bank sitzend Menschen und Umgebung zu beobachten und auf mich wirken zu lassen. Das war ungemein entspannend. Der Ort war eine Oase der Ruhe. Als mir dann noch zu Ohren kam, dass es hier keine Sehenswürdigkeiten zu besichtigen gibt, wurde mir klar, wo ich mich gerade befand: in einem echten Zeit-Reich. Ändern, so meine Idee, müsste man hier eigentlich nichts, um sich gestressten Zeitgenossen aus den gar nicht so fernen Groß-städten als Ferienziel besonderer Güte anzubieten. Ein paar Hinweise auf das, was es alles nicht gibt, womit man sich von sich selbst ablenken könnte, sowie ein paar abwegige Besonderheiten würden völlig ausreichen, um das Städtchen zu einem wirklichen Geheimtipp für eine gute Auszeit zu machen. Frühstück bis Sonnenuntergang und einen Check-out bis zum späten Nachmittag etwa. Ich habe es bis heute nicht verstanden, weshalb ich in einem Urlaubshotel so früh aus den Federn geschmissen werde. Neben Slow-Food könnte man auch zu Slow-Sport, Slow-Music und Slow-Love einladen. Statt Last-Minute- könnte es Last-Longer-Angebote geben. Außerdem hatte ich eine umgekehrte Parkgebühr angeregt. Wer sein Auto mindestens fünf Stunden abstellt, darf das kostenlos tun, wer nur eine Stunde parkt, muss dafür richtig viel Geld bezahlen. Wer sein motorisiertes Fahrzeug mindestens zwei Tage nicht bewegt, bekommt einen Gut-schein als Dankeschön fürs lange Verweilen. Auf diese Weise könnte man hektische Besucherscharen, die das gemäch-liche Tempo nur stören würden, aus dem Ort fernhalten. Alle öffentlichen Uhren würden entweder falsch oder rückwärts gehen. WLAN-freie Zonen und Kommunikationsschutzgebiete ohne Mobilfunkempfang könnten zu analogen Oasen werden. Beim Nichtstun auf der Parkbank am See sind mir so wunderbare Einfälle gekommen, dass ich mir sicher war: Dieser Ort ist ideal, sich mit seinem Zeitreichtum angenehm aus der Masse der konsumorientierten Urlaubsorte mit ihren Wellnesstempeln und ihrem Überfluss abzuheben. Der Umstand, dass die Umsetzung dieses etwas anderen Marketings mehr Fantasie als Geld benötigt, sollte – so meine Hoffnung – das ohnehin mit sehr überschaubaren finanziellen Mitteln ausgestattete Städtchen darin bestärken, einen ganz eigenen Weg jenseits der Beschleunigung zu finden. Ich sollte mich irren. Außer dem Bürgermeister hat mich bei dem Treffen anscheinend niemand verstanden. Ich blickte in ratlose Gesichter, erntete ablehnendes Kopfschütteln und hatte bei dem Gespräch bisweilen sogar das Gefühl, dass meine Gedanken geradezu als ketzerisch und meine ernst gemeinte Bewunderung des Zeitreichtums als Sich-lustig-Machen und Beleidigung empfunden wurden. Vielleicht verfügten die Anwesenden aber auch einfach über mehr Realitätssinn und wirtschaftlichen Sachverstand als ich. Warum sonst treiben selbst die merkwürdigsten Beschleunigungsangebote solch prächtige Blüten? Speed-Reading etwa ist groß in Mode. Mit der richtigen Technik lässt sich die Lesegeschwindigkeit mindestens verdoppeln, wenn nicht sogar verdrei- oder vervierfachen. Die Chance, Goethes Gesamtwerk lesen zu können, würde dramatisch steigen.

Zwanzig Rilke-Gedichte in zehn Minuten – das wäre doch mal eine schöne Verdichtungsidee. »Shakespeares sämtliche Werke«, die voll ausgespielt deutlich mehr als hundert Stunden dauerten, werden schließlich auch schon »leicht gekürzt« in nur hundert Minuten auf die Bühne gebracht. Das – zugegeben trotz der Masse der darin Ablebenden sehr amüsante – Stück ist in Berlin ein echter Dauerbrenner.

Ohne jeglichen humoristischen Hintersinn sind wir auf eine weitere Idee der Erlebnisverdichtung gekommen: Wir lassen einfach die Pausen weg. Kongressveranstalter haben dafür ein besonders geschicktes Händchen. Damit sich ein Besuch so richtig lohnt, muss das Programm vollgespickt mit Vorträgen sein. Vierzehn Stück an einem Tag? Wenn jeder maximal eine halbe Stunde redet, sind das netto sieben Stunden. Zuzüglich je fünfzehn Minuten Kaffeepause am Vor- und Nachmittag sowie eine halbe Stunde fürs Mittagessen, dann müsste es passen. Sie denken, ich scherze? Habe ich alles schon erlebt. Vergessen habe ich allerdings, was da vorgetragen wurde ... Unser Verein zur Verzögerung der Zeit veranstaltet jedes Jahr ein Symposium, bei dem es an vier Tagen maximal drei Vorträge gibt. Den Rest der Zeit machen wir organisierte Pausen. In denen finden ohnehin die besten Gespräche statt. Die Teilnehmerinnen und Teilnehmer melden regelmäßig zurück, dass dieses Format der Zusammenkunft sich ausgesprochen angenehm auf die Gesprächskultur und die Vertiefung der Themen auswirkt. Natürlich würden wir auf dem sogenannten freien Markt der

Bildungsveranstaltungen damit nicht einmal einen Blumentopf gewinnen. Wahrscheinlich würde niemand kommen. Zu wenig Programm. Wer macht sich schon auf den Weg, um mit anderen gemeinsam zu pausieren?

Dabei ist das Pausemachen eine für unser Leben grundlegend wichtige Angelegenheit. Die Natur hat es so eingerichtet, dass wir schlafen müssen. Hirnforscher haben inzwischen herausgefunden, dass der Schlaf vor allem für die Verarbeitung und Speicherung der während des Wachseins aufgenommenen Informationen von zentraler Bedeutung ist. Vereinfacht gesagt brauchen unsere grauen Zellen Zeit, in der keine neuen Sinneseindrücke von außen kommen, um aus flüchtigen Eindrücken bleibende Erinnerungen zu machen. Die Idee, möglichst wenig zu schlafen, um mehr erledigen zu können, erscheint mir schon aus diesem Grund ein Teufelskreis zu sein - ziemlich hirnrissig. Aber auch ohne wissenschaftliche Erkenntnisse zurate zu ziehen, fällt es mir schwer, irgendwelche Sympathien für Konzepte zu empfinden, die auf die Aufhebung von ausgiebigen nächtlichen oder auch am Tag praktizierten Schlafpausen abzielen. Allein der Vorgang, sich in den Schlaf fallen zu lassen, ist für mich immer wieder ein großes Glücksgefühl. Alles wird flüchtig, mit sanfter Macht öffnet die Müdigkeit sämtliche Ventile im Kopf und das, was mir am Tage noch so wichtig erschien, entschwindet in die Bedeutungslosigkeit oder wird im Traum zu Filmen umgeschrieben, wie sie selbst den schrägsten Drehbuchautoren nicht einfallen würden. Gut, dass ich die meisten Geschichten spätestens beim Aufwachen wieder vergessen habe. Wie armselig gegen den seligen ausgiebigen Schlaf wirken da Versuche, mit Powernapping noch mehr Leistung aus uns herauszuquetschen. Für ein paar Minuten einfach wegzunicken, können wir uns gerade noch leisten. Mit einem ausgiebigen Mittagsschlaf würden wir schon wieder zu viel versäumen.

Hoffentlich auf ihrem Zenit angekommen ist die jüngste modische Taktik zur Lebensverdichtung: mehrere Dinge gleichzeitig tun. Das sogenannte Multitasking vermittelt uns zumindest die Illusion, unsere knappe Zeit noch besser zu nutzen. Ich gebe zu: Es ist möglich, zwei Dinge gleichzeitig zu tun. Atmen und denken – das funktioniert zum Beispiel recht zuverlässig. Wenn man sehr lange nicht atmet, hört das Denken sogar irgendwann auf. Das gute Zusammenspiel klappt allerdings nur, weil unser vegetatives Nervensystem von anderen Bereichen gesteuert wird als unsere kognitiven Aktivitäten. Es läuft quasi rund um die Uhr auf Autopilot. Der Befehl zum Verdauen kommt eben nicht aus dem Großhirn, das womöglich sonst auf die Idee käme, Magen und Darm zur schnelleren Aktivität zu drängen oder einfach mal den Betrieb einzustellen, weil es gerade nicht passt. Seit ich das erste Mal eine Autobahnabfahrt verpasst habe, weil das gerade laufende Hörbuch so spannend war, liegt für mich persönlich auf der Hand, dass Multitasking nicht funktionieren kann. Inzwischen ist in reichlich Studien wissenschaftlich belegt, dass Multitasking viel verspricht, aber wenig hält. Allein der Versuch, Dinge vermeintlich gleichzeitig zu erledigen, sorgt dafür, dass deren Qualität enorm darunter leidet. Wer alle zwei Minuten seine E-Mails checkt, braucht für seine eigentliche Arbeit viel länger und kommt zu schlechteren Ergebnissen. Wenn ich beim Gemüseschneiden ein anspruchsvolles Gespräch zu führen versuche, schneide ich mir regelmäßig in die Finger. Ich schaffe es noch nicht einmal, mich einigermaßen kultiviert zu unterhalten, wenn in meinem Blickfeld ein Fernseher läuft. Je mehr Dinge sich meine Aufmerksamkeit teilen, desto weniger Intensität bleibt für jedes einzelne zur Verfügung. Ich bekomme dann von sehr vielen Sachen jeweils sehr wenig mit. Man könnte das auch Oberflächlichkeit nennen. Glücklich macht das, so meine Erfahrung, allerdings nicht. Wie beim Essen von Junkfood führt es eher dazu, schon nach kurzer Zeit wieder Hunger zu haben.

Trotzdem werde ich das Gefühl nicht los, dass wir uns noch weiter darin steigern, pausenlos gleichzeitig mehr zu tun. Wir zerstückeln damit unsere Zeit dermaßen, dass sie uns wie feiner Sand durch die Finger rieselt. Je schneller, kleinteiliger und weniger zusammenhängend wir etwas erleben, desto mehr gehen der Blick fürs Ganze und der Sinn fürs Schöne verloren. Marianne Gronemeyer, deren Freundschaft eines der großen Geschenke in meinem Leben ist, beschreibt in ihrem Buch *Das Leben als letzte Gelegenheit* sehr anschaulich, wie unsere Versuche von Weltvermehrung zu Erfahrungsarmut führen. Vielleicht sollten wir uns, wie sie anregt, doch etwas tiefer mit dem Tod beschäftigen, anstatt ihn nur hinauszuschieben oder zu verdrängen. Wer sich dafür keine Zeit nimmt, vergrößert den Zeitdruck des eigenen Lebens nur noch.

Wir könnten die Endlichkeit des Lebens und unserer Erlebnisse auch als eine Art Geschenk betrachten. Der Urlaub, das ausgelassene Fest, der gute Sex und alle anderen schönen Erfahrungen würden so zu etwas Einzigartigem, etwas von besonderem Wert. Dann ginge es nicht mehr darum, so viel wie möglich anzuhäufen, sondern so aufmerksam wie möglich zu sein, was uns wirklich begeistert. Die Angst vor dem Versäumnis würde der Liebe zum Leben weichen.

Das Ende
des Zauberhaften

Bäume haben mich schon immer fasziniert. Sie sind so schön langsam. Sie trotzen jeder Hektik, richten sich gelassen nach dem Lauf der Jahreszeiten und brauchen Jahrzehnte, um sich irgendwann in majestätischer Pracht zu zeigen. Ihre kraftvolle Ruhe übt auf mich eine magische Wirkung aus. Gern setze ich mich an einen Ort, wo ich ein schönes Exemplar anschauen kann. Dann lasse ich stundenlang meine Sinne verzaubern, entdecke bekannte Muster und eigensinnige Formen, rieche die Süße seiner Blüten und die Frische seines Harzes, berausche mich an den Farben seiner Blätter und lausche dem Rascheln des Laubs, dem Knarzen der Äste und manchmal auch den Geschichten, die sich im Laufe seines langen Lebens in seinem Schatten abgespielt haben. Als mich einmal ein Freund zu einer Waldnacht eingeladen hat, habe ich deshalb nicht nur wegen des legendär zarten Wildschweinbratens, der den Abend wohlschmeckend einläuten sollte, freudig zugesagt. Lutz, so heißt der Gastgeber, ist ein ganz besonderer Förster. Sein Wald, in dem wir die Nacht verbringen wollten, war ebenso außergewöhnlich: ein echter Urwald inmitten der norddeutschen Kulturlandschaft. Weil wir - eine gute Handvoll von seinen Freunden - seinem Plan, rechtzeitig vor dem Morgengrauen aus der Waldhütte aufzubrechen, folgen wollten, haben wir uns bei dem geschmacklich den Wildschweinkeulen in nichts nachstehendem Rotwein trotz der vergnüglichen Stimmung zurückgehalten und uns noch vor Mitternacht für ein kurzes Nickerchen hingelegt. Danach führte er jeden von uns auf einen eigenen Hochsitz. Meiner stand an einer winzigen Lichtung. Die nächtliche Stille war beeindruckend. Eine gute Stunde passierte nichts. Meine Augen gewöhnten sich an die Dunkelheit, meine Ohren wurden von Minute zu Minute aufmerksamer. Hier und da konnte ich ein leises Rascheln wahrnehmen, manchmal knackste es, und einmal meinte ich, den Flügelschlag eines größeren Vogels zu vernehmen. Mit jeder Minute, die die Dämmerung näher kam, schien sich der Urwald zu beleben. Als die ersten Lichtstrahlen den Wald um mich herum sichtbar werden ließen, entdeckte ich zuerst ein Hasenpaar, das sich fast direkt unter meinem Hochsitz vergnügte. Später zeigte sich ein junges Reh. Als ich dachte, dass kein Tier mehr in mein Blickfeld kommen würde, stolzierten im Sonnenaufgang drei Kraniche auf die kleine Lichtung. Was für ein Anblick! Als sie wieder verschwunden waren, blieb die Stille des Waldes und der Anbruch eines wundervollen Tages. Je ruhiger es war, desto intensiver spürte ich die Fülle, die sich in diesem scheinbaren Nichts offenbarte. Es fühlte sich an, als sei ich mit der mich umgebenden Natur verschmolzen, durch den Zauber der Ruhe eins mit den Bäumen, dem Licht und der kühlen Morgenluft. Diese Erfahrung war genau das Gegenteil von dem, was sich uns sonst als Alltagsprogramm präsentiert. Die Aneignung von Welt funktioniert in unserem üblichen Verständnis, indem wir aktiv werden und uns ständig Teile von ihr verfügbar machen. Wir versuchen, die Welt in den Griff zu bekommen, anstatt sie zu begreifen. Wir wollen sie verstehen und gestalten, in Besitz nehmen und nach unseren Vorstellungen formen. Bei aller Begeisterung für die Selbstermächtigung des Menschen wurde mir in dieser Waldnacht klar, dass es etwas gibt, das sich unserem Gestaltungswillen umso mehr entzieht, je fester wir es halten wollen. Es erschließt sich erst, wenn wir von unserem Tatendrang Abstand nehmen, nichts tun und uns auf das Geheimnisvolle einlassen.

Die Ausführungen des befreundeten Försters, der uns zum Frühstück wieder eingesammelt hatte, bestätigten meine nächtliche Erkenntnis mit nüchternen Fakten. Im Laufe seines Studiums und seiner Arbeit hatte er viel über den Wald und dessen Bewirtschaftung gelernt. Irgendwann festigte sich seine Ansicht, dass das System Wald dermaßen komplex sei, dass wir Menschen niemals in der Lage sein würden, es gänzlich zu durchdringen, seine Zusammenhänge und Wechselwirkungen wirklich zu verstehen. Daraus entwickelte er sein Urwald-Konzept. Er überlässt den Wald sich selbst und greift – wenn überhaupt – nur minimal ein. Ab und zu müsse man den Wildtierbestand mittels einer Jagd wieder ins Gleichgewicht bringen, weil die ohnehin große Population der Rehe und Wildschweine in Ermangelung von natürlichen Feinden sonst zu explodieren drohe. Dann hätten die Bäume keine faire Chance, weil schon ihre jungen Triebe dem Fraß zum Opfer fielen. Ansonsten galt sein Satz, der mir immer noch in den Ohren ist, als hätte er ihn gerade erst gesagt: »Der Wald weiß selbst am besten, wie er funktioniert.« Alle Eingriffe des Menschen seien hoffnungslos zum Scheitern verurteilt. Die Folgen heftiger

Winterstürme bekräftigen seine eingängige Försterweisheit: »Willst du deinen Wald vernichten, pflanze Fichten, Fichten, Fichten.« Die wachsen zwar schnell und bringen kurzzeitig mehr Holzertrag, aber sie knicken in norddeutschen Landen, wo sie nicht hingehören, bei heftigeren Stürmen sofort um. Statt konventioneller Aufforstung setzte der Freund darauf, den Wald so weit wie möglich in Ruhe zu lassen. Inzwischen hat sich herumgesprochen, wie erfolgreich dieses Nicht-Eingreifen ist. Immer mehr Förster übernehmen das Konzept und erzielen mit minimalem Aufwand nachhaltig gute Erträge. Die exzellente Qualität des Holzes sorgt obendrein für gute Preise, aber auch die Menge stimmt. Man muss dem Wald nur genug Zeit geben. Unterm Strich rechnet sich das Nichtstun. Der Wald belohnt des Menschen Faulheit doppelt: wirtschaftlich und mit unbeschreiblich schönen Erfahrungen.

Ich gehe sogar so weit zu behaupten, dass es so etwas wie ein paradoxes Naturgesetz gibt. Je mehr und stärker wir Menschen versuchen, etwas zu messen, zu analysieren und zu beherrschen, desto mehr entzieht sich uns das, wonach wir uns am meisten sehnen: Glück und Erfüllung. Sobald wir eine Beziehung – ganz gleich ob zu einem Menschen, einem Ding, einem Musikstück, einem Bild oder der Natur – mit Berechnung eingehen, bleibt diese Beziehung kalt und stumm. Kalkül tötet Liebe. Oder wie Laotse es in seiner Sprüchesammlung *Tao Te King* formulierte: »Wer etwas tut, zerstört es. Wer etwas festhält, verliert es.«

Wo wir auch hinschauen, zeigen sich uns Tragödien, die ihre Ursache in diesem Wirkungszusammenhang haben. Bei den immer ausgetüftelteren Methoden und immer häufigeren Versuchen, den eigenen Körper zu vermessen und zu kontrollieren, zeigt sich die unglückselige Abwegigkeit des Kalküls. Sich alle paar Jahre beim Arzt durchchecken zu lassen, ist durchaus sinnvoll. Und wer unter Diabetes leidet, kann mit regelmäßigen Blutzuckermessungen und einer auf die Erkrankung abgestimmten Ernährung das Risiko von üblen Spätfolgen minimieren. Wer aber im Grunde gesund ist und trotzdem von Gewicht über Pulsfrequenz und Blutdruck bis hin zu Hormonspiegel und Schlafintensität ständig alles erdenklich Mögliche misst, wird schnell zu einem nach Optimalwerten strebenden Sklaven von Zahlen und Werten, die mit dem Gesamtbefinden und einem gesunden Verhältnis zu sich selbst nichts mehr zu tun haben. Statt sich damit anzufreunden, nicht nur psychisch, sondern auch körperlich ein voller Wunder steckendes Mysterium der Natur zu sein, verkommt der sich ständig selbst vermessende Mensch zu einer scheinbar steuerbaren und mit ein paar Drehungen an entsprechenden Schrauben reparierbaren Maschine. Vom Gesichtspunkt der Beherrschbarkeit gesehen mag das von Vorteil sein. Für ein gutes Leben erscheint mir diese Disziplinierung dahingegen als hinderlich. Maschinen sind dafür da, um zu funktionieren. Menschen dafür, um zu leben. Mit sorgsamer Wartung und guten Schmier- und Treibstoffen kann ich die Funktionsdauer des Motors meines Autos verlängern. Aber es wird niemals so weit kommen, dass der Motor das

Benzin genießt. Er verbrennt es völlig emotionsfrei. Für mich dahingegen ist der Geschmack eines Essens mindestens genauso wichtig wie dessen funktionale Nähstoffzufuhr. Emotional ist der Genuss sogar eindeutig wichtiger. Das beglückende Gefühl eines Tropfens aromatischen Olivenöls auf der Zunge ist durch keinen noch so hohen Gehalt an ungesättigten Fettsäuren zu ersetzen. Ein Essen wird nicht dadurch zum Vergnügen, dass es exakt die Menge, Art und Zusammensetzung von Kohlenhydraten, Fetten, Vitaminen, Ballast- und sonstigen Stoffen hat, die gerade optimal für meinen Körper sind, sondern weil es aus leckeren, frischen Zutaten - womöglich mit Liebe und Können - zubereitet und im Idealfall mit guten Freunden gemeinsam genossen wird. Während es beim Auto sehr unangenehm werden kann, wenn die Tankanzeige nicht funktioniert, können wir Menschen uns relativ gut darauf verlassen, dass wir mit unserer natürlichen Standardausstattung - ganz ohne technische Extras - ganz einfach verspüren, wenn wir hungrig, durstig oder auch müde sind. Eines Tages laufen vielleicht Artgenossen mit Biosensoren herum, die ihre Trägerinnen und Träger über eine Smartphone-App davon in Kenntnis setzen, dass sie jetzt Hunger haben und wann der ideale Zeitpunkt für die Nahrungsaufnahme ist. Ob ich über diese Vorstellung lachen oder weinen soll, weiß ich nicht.

Dank der Navigationsgeräte - so bequem sie auch sind - haben wir inzwischen weitestgehend verlernt, uns etwa am Stand der Sonne und an den Himmelsrichtungen zu orientieren,

Landkarten und Stadtpläne zu lesen. Statt in die Landschaft schauen wir lieber auf die kleinen Bildschirme – und finden diese Verunselbstständigung ganz normal. Die vorgegaukelte Sicherheit, dass wir mit der Technik den Weg beherrschen, die Ankunftszeit vorhersagen und keine Zeit durch Umwege verlieren, ist uns wichtiger als das Erlebnis des Reisens. Aus eigener Erfahrung weiß ich, dass ich die Schönheit der Landschaft, durch die ich radle, umso weniger mitbekomme, je öfter ich auf mein kleines GPS-Tachometer am Lenker schaue und mein Hirn mit Informationen über die zurückgelegte Strecke, die Durchschnittsgeschwindigkeit, die erklommenen Höhenmeter und die verbrauchten Kalorien versorge. Der Preis, den ich für die ohnehin wertlosen Messdaten meiner körperlichen Aktivität zahle, ist so hoch, dass ich das Gerät wohl jemandem schenken werde, der diese Erfahrung noch nicht gemacht hat. Meine Liebste wird das freuen. Sie weigert sich inzwischen, mich bei Fahrradtouren zu begleiten, wenn ich das Kästchen am Lenker habe. Wir werden künftig öfter gemeinsam mit unseren Drahteseln unterwegs sein.

Mindestens genauso augenfällig wie die Versuche, unsere Körper zu vermessen und zu beherrschen, ist unser Streben, unmittelbaren Zugriff auf so viel Welt wie nur möglich zu haben. In den 1980er-Jahren begann sich die Compact Disc zu verbreiten, und eine meiner ersten CDs war die 5. Symphonie von Gustav Mahler, dirigiert von Sir Georg Solti. Das Adagietto bringt mich auch heute noch zum Weinen. Ich höre oft und gern Musik – von Rock über Jazz bis zur Klassik. Wenn ich selbst Musik mache, wird es meist ein Blues. So berührend wie beim besagten Satz aus der Mahler-Symphonie wird es bei mir allerdings nie. Weil ich gar nicht genug von Mahler bekommen konnte, habe ich mir später eine CD-Box mit seinen sämtlichen Symphonien zugelegt. Ich dachte mir, dann jederzeit die Möglichkeit zu haben, diese zauberhafte Musik zu hören. Die Box war wie eine jederzeit einlösbare Eintrittskarte zum Wunschkonzert. Doch schon in dem Moment des Kaufs war etwas von dem Zauber des Einzigartigen verloren. Es sollten Jahrzehnte vergehen, bis ich die Aufnahmen endlich komplett gehört hatte. Ich vermute, dass die Anschaffung eigentlich einen anderen Zweck verfolgte als den gegenwärtigen Genuss: Der Besitz gaukelte mir vor, zu jeder Zeit eine einzigartige Stimmung herstellen zu können.

Heute brauchen wir keine CDs mehr, um auf bestimmte Musikstücke zugreifen zu können. Dank Internet und Streaming-Diensten haben wir die weltweite Audiothek in der Hosentasche. So praktisch das sein mag, so sehr beunruhigt mich die Vorstellung, dass diese grenzenlose Allverfügbarkeit zu einer Art Inflation führt. Alles, was uns jederzeit in vollem Umfang zur Verfügung steht, wird letztlich banal und verliert seinen Wert. Erdbeeren schmecken dann göttlich, wenn ich sie direkt auf dem Feld ernte oder zumindest zur Saison esse. Sie das ganze Jahr und auch im tiefsten Winter über kaufen zu können, nimmt ihnen den Reiz des Besonderen – ganz davon abgesehen, dass die Importware aus Neuseeland nach nichts schmeckt. Ich glaube inzwischen, dass die wirklich wertvollen Erfahrungen diejenigen sind, die sich weder erzwingen noch wiederholen lassen. Sie passieren genau einmal. Und auch nur dann, wenn wir sie lassen. So wie der überwältigend schöne Pranzo in Berchidda, den meine Liebste und ich vor ein paar Jahren erleben durften. Zu Ferragosto, dem großen Sommerfest der Italiener am 15. August, waren wir in einem kleinen Bergdorf auf Sardinien. Vor einer vom Dorf recht abgelegenen Landkirche wurde die örtliche Spezialität, Zuppa berchiddese, für gut tausend Menschen aufgetischt. Das Gericht gehört zu dem Köstlichsten, was ich je gespeist habe. Auf den ersten Blick denkt man an ein Nudelgericht, die Zuppa wird aber mit dem hauchdünnen sardischen Brot zubereitet, das in einem Sugo aus Tomaten und edelstem Schaffleisch und Pecorino gekocht wird. Dazu gab es reichlich Wein und gute Laune. Der Ort war malerisch. An den langen Steintischen saßen Dorfbewohner und Gäste, Bekannte und einander Fremde fröhlich zusammen. Uralte Olivenbäume spendeten in der Mittagshitze angenehmen Schatten und tauchten das Fest in ein sanftes Licht. Nach dem Essen holte ein paar Tische neben uns jemand eine Gitarre hervor und fing an zu spielen. Zwei junge Frauen improvisierten dazu mit ihren ausgesprochen schönen Stimmen. Ich war nicht der Einzige, den diese Musik in seinen Bann zog, und bald schon improvisierten wir zu viert, zu fünft, zu sechst. Wie aus dem Nichts gesellte sich ein Kontrabass dazu, und aus den hinteren Reihen erklang eine Mundharmonika. Von allen Tischen zog es die Menschen zur Musik, und aus dieser kleinen, ungeplanten Jam-Session wurde eines der schönsten Konzerte meines Lebens. Das eigentlich an eben jenem Ort geplante offizielle Konzert musste woanders und erst viel später stattfinden, da niemand, wirklich niemand, das Zauberhafte, was sich gerade entwickelte, unter- oder gar abbrechen konnte. Ferragosto feiere ich seitdem am liebsten in Berchidda. Aber auch wenn ich meine Gitarre mitnehme und die Stimmung noch so gut ist, weiß ich, dass es nie wieder so werden wird wie damals – schon gar nicht, wenn es irgendjemand erzwingen will. Das macht diesen einzigartigen Tag des Sommers 2015 so besonders wertvoll. Dass von diesem magischen Fest nicht ein einziger Handyfilm im Internet zu finden ist, stimmt mich besonders glücklich. Das Band, das an jenem Tag zwischen denen, die dabei waren, geknüpft wurde, ist unsichtbar und hält doch die Menschen in einer wundersamen Art zusammen. An solchen Tagen entstehen Freundschaften fürs Leben. Sie sind nicht der Lohn harter Arbeit oder das Ergebnis einer kalkulierten Aktivität. Sie sind ein Geschenk, das denen zukommt, die es sich schenken lassen.

Mit Gelassenheit endet auch die Geschichte vom Förster. Als er uns alle von den Hochsitzen wieder eingesammelt hatte, blieb er im Wald stehen und zeigte mit einer Mischung aus Ehrfurcht und Zuversicht auf eine besonders schön gewachsene Buche. Angesichts seines Alters, er war damals gerade in Pension gegangen, wird mir das, was er dann sagte, immer in Erinnerung bleiben. Voller Demut erklärte er: »Diesen Baum ernten wir in 60 Jahren.« Und ich wünschte mir heimlich, dass doch mehr Menschen die Geduld von Förstern hätten.

Was ist **mir** *wirklich*

wirklich

wirklich

wichtig?

wirklich

wirklich

wirklich

wirklich

Die Lieblingsfrage

Die Septembersonne und der blaue Himmel tauchten die Salzburger Berge in eine spätsommerliche Stimmung. Zu unseren Zeitgesprächen in Wagrain hatten wir den Philosophen Frithjof Bergmann eingeladen. Wir mussten nicht lange verhandeln, denn er war genauso neugierig auf den Verein zur Verzögerung der Zeit wie wir auf ihn. Er kam mit dem Flieger, und wir meinten, es sei eine wertschätzende Geste, wenn wir ihn persönlich am Salzburger Flughafen abholten. Das Flugzeug war überpünktlich, wir zum vereinbarten Zeitpunkt im Ankunftsterminal. Das ist alles andere als üblich, denn wenn wir Zeitverzögerer unterwegs sind, kommt regelmäßig etwas dazwischen. Bei Fliegern fehlt dann schon einmal ein Gepäckstück, oder eines ist zu viel, sodass die Maschine nicht starten darf. Softwarefehler in der Cockpitsteuerung hatten wir auch schon. Bei Zügen sind Triebwerkschäden sehr beliebt, um unsere Ankunft hinauszuzögern. Oder sie fallen ganz aus. Gesperrte Tunnel und überschwemmte Straßen sorgen für Verspätungsstaus, und nicht selten verläuft sich eine oder einer von uns auch schlicht oder hat einen gänzlich anderen Treffpunkt in Erinnerung als den vereinbarten. Nicht so bei Frithjofs Ankunft. Und trotzdem: In der Flughafenhalle war weit und breit kein alter, bärtiger Philosoph zu sehen. Haben wir uns etwa verpasst? Eine Handynummer von ihm hatten wir nicht. Wahrscheinlich hatte er keines mit. Die Ratlosigkeit war groß. Irgendwann kamen wir auf die Idee, ihn draußen zu suchen, es war schließlich traumhaftes Wetter. Da lag aber nur ein recht verwahrlost aussehender Obdachloser schlafend auf einer Bank. So dachten wir zumindest. Denn beim zweiten Blick erkannten wir ihn - Frithjof Bergmann tat das, was nach einer langen Reise und bei Kaiserwetter das Beste ist. Der Mann, den wir als Experten für das Thema Arbeit eingeladen hatten, machte ein ausgiebiges Nickerchen im Schatten. Er war mir sofort sympathisch.

Als er später von seinem Leben berichtete, wurde aus der spontanen Sympathie eine tiefe Zuneigung. Er kämpfte sich in jungen Jahren als Preisboxer und Hafenarbeiter in Amerika durch, lebte als Selbstversorger auf dem Land und studierte dann Philosophie in Princeton, wo er mit einer Arbeit über Hegel promoviert wurde. Mit seinem wachen, kritischen Geist wurde er für Lehraufträge unter anderem an der berühmten Stanford University als Dozent engagiert. Das universitäre Leben, so berichtete er uns, hat ihn aber bald gelangweilt. Verwöhnten Sprösslingen reicher Eltern, die sich nicht einen Hauch dafür interessierten, Proust zu verklickern, war nicht der Entwurf, nach dem er seine Zeit verbringen wollte. Er entschloss sich, das gut dotierte Dozieren gegen eine Abenteuerreise einzutauschen. Allein im Wald, nur mit dem Nötigsten ausgestattet, probierte er das einfache Leben aus. Befriedigt hatte ihn das allerdings auch nicht. So ganz ohne technische Hilfsmittel waren die Tage und Nächte wohl sehr anstrengend gewesen. Das führte ihn zu der Überlegung, die technischen Möglichkeiten so einzusetzen, dass sie uns Menschen und unseren Gemeinschaften wirklich helfen. Und er ersann - dafür ist Frithjof Bergmann weltweit berühmt geworden – einen völlig neuen Begriff der Arbeit. Den nannte er folgerichtig »New Work«. Im Prinzip funktioniert die neue Arbeit ganz einfach, indem Menschen ein Drittel für den Gelderwerb arbeiten, ein Drittel etwas Sinnvolles für die Gemeinschaft tun und das restliche Drittel der Arbeitszeit damit verbringen, ihren Neigungen nachzugehen – eine faszinierende Idee mit sehr positiver gesellschaftlicher Sprengkraft. So etwas kann sich nur ein Mensch einfallen lassen, der sich viel Zeit zum Denken nimmt und der sich oft und lange genug aus dem Mühlrad der Plackerei herausgenommen hat.

Am stärksten hat sich aber die Geschichte in mein Gehirn eingebrannt, die Bergmann am nächsten Tag vor versammelter Runde erzählte. Seitdem werde ich die Frage nicht mehr los, die er in der Geschichte stellte. Doch der Reihenfolge nach. Angesichts der zunehmenden Automatisierung war den politisch Verantwortlichen in Detroit, dem Zentrum der amerikanischen Automobilindustrie, eines Tages klar, dass man in den Fabriken nur noch die Hälfte der Arbeiter brauchen würde. Es bedarf keiner besonderen Klugheit, sich vorzustellen, was es für eine Stadt bedeutet, wenn 50 Prozent der mit Erwerbsarbeit Beschäftigten nicht mehr arbeiten. Für Lösungsideen bedurfte es allerdings reichlich Fantasie und Denkvermögen. Über beides, das hatte sich auch in Detroit herumgesprochen, verfügt der eigenwillige Philosoph Bergmann im Überfluss. Man lud ihn ein, sich der Angelegenheit anzunehmen. Das Erste, was er tat, war, sich Zeit für Gespräche mit den Arbeiterinnen und Arbeitern zu nehmen. Im

Mittelpunkt stand die Frage, die auch mich seit dem Zusammentreffen mit Frithjof Bergmann ständig begleitet: Was ist dir wirklich, wirklich wichtig?

Die Reaktionen der Befragten hatten Bergmann zutiefst befremdet. Fast ausnahmslos wussten die Frauen und Männer nicht, was sie antworten sollten. Die Stille muss bestürzend gewesen sein. Da rackern sich Menschen Tag für Tag, Jahr für Jahr ab und vergessen, wofür sie das überhaupt tun, abgesehen davon, finanziell über die Runden zu kommen. Vor lauter Arbeit entfremdeten sie sich von sich selbst und von ihren Träumen, ihren Wünschen, ihren Werten. Wenn wir nicht mehr wissen, was uns wirklich, wirklich wichtig ist, wie soll es dann mit einem guten Leben klappen? Ich gebe zu, dass die Antwort auf diese tiefgründige Frage nicht einfach ist. Generationen von Philosophen haben sich seit jeher ihre Köpfe darüber zerbrochen. Aber nicht einmal eine leise Ahnung davon zu haben, ist mehr als erschreckend. Ich vermute, dass diese Ahnungslosigkeit auch mit unserer Emsigkeit, unserem dauernden Schaffensdrang und der Beschleunigung zusammenhängt. Denn so eine Frage lässt sich nicht mal eben nebenbei beantworten wie eine E-Mail. Eine wirklich ernsthafte Antwort kann nur aus dem Nichtstun erwachsen, aus einer tiefen Ruhe und der Begegnung mit sich selbst.

Arbeiten ist einfacher als nachdenken. Solange man in Fahrt ist, irgendetwas tut, bleibt keine Zeit für tiefgründige Gedanken. Geschäftigkeit lässt Leerräume im Kopf gar nicht erst entstehen. Pausenlose Tätigkeit, ob bewusst oder unbewusst, schützt uns davor, in den tiefen Abgrund unserer selbst zu schauen. Wenn dort nichts ist, macht dieser Anblick Angst. Angst vor der Bedeutungslosigkeit, Angst vor der Sinnlosigkeit, Angst vor dem Leben. In einer Gesellschaft, die den Wert ihrer Individuen durch Leistung und Besitz definiert, ist es verdammt schwer, einfach nur zu sein. Wer Frithjof Bergmanns Frage ernst nimmt und darüber nachdenkt, was ihm oder ihr wirklich, wirklich wichtig ist, kommt früher oder später darauf, dass sich ein gutes Leben nicht kaufen lässt. Es scheint vielmehr damit zusammenzuhängen, wie wir unsere Beziehungen gestalten – die Beziehung zu uns selbst, zu anderen Menschen, zur Natur, zur Kunst, zur Welt. Selbstverständlich kann Arbeit dabei auch eine Rolle spielen, uns wichtig sein. Es gibt unzählige schöne Berufe und Tätigkeiten, die Sinn stiften und Erfüllung bringen. Auch das Bewusstsein, einen produktiven Beitrag zum allgemeinen Wohlstand zu leisten, mit Steuern und Sozialabgaben unser Gemeinwesen zu ermöglichen, weckt gute Gefühle. Aber selbst diese positiven Wirkungen von Arbeit werden übersehen, wenn sich alles nur noch ums Schaffen dreht. Berufe – wortgeschichtlich nicht von ungefähr mit dem Begriff »Berufung« verwandt – verkommen dann zu Jobs, Aufgaben zu Profitquellen, Honorar wird zu Sold, und anstatt mit einer Tätigkeit das Bewusstsein zu entwickeln, einen Teil zum Ganzen beizutragen, fokussiert sich alles auf die Frage: »Was springt für mich dabei heraus?« Spätestens dann verliert auch die Arbeit ihren ursprünglichen Sinn.

Mehr noch: Sie trägt dazu bei, dass wir uns noch mehr von der Welt und uns entfremden. Je loser, brüchiger und oberflächlicher unsere Beziehung zur Welt wird, desto schwieriger wird es, eine Antwort auf meine Lieblingsfrage zu finden. Wenn wir nicht mehr erfahren, was wirklich schön ist, was uns tief befriedigt, was uns glücklich macht, dann verlieren wir sogar unsere Ahnung von dem, was uns wirklich, wirklich wichtig ist. Wer nur versalzenes, mit Geschmacksverstärkern gepimptes Fastfood kennt, wird kaum von der Einzigartigkeit einer reifen Frucht träumen.

Dabei ist die Sehnsucht nach dem Sinn im Leben groß. Ich habe einmal mit ein paar Freundinnen und Freunden eine Veranstaltung organisiert, die den Werten in unserer Gesellschaft gewidmet war. Wir rechneten mit ein paar Dutzend Besucherinnen und Besuchern und waren überrascht, als der Saal, den wir für viel zu groß hielten, sich füllte und weitere Interessierte sogar vor der Tür bleiben mussten, weil der Platz schlichtweg nicht für alle ausreichte. Von dieser enormen Resonanz bestärkt, setzten wir eine weitere Veranstaltung an und mieteten dafür einen riesigen Raum, eine ehemalige gotische Stadtkirche an. Da wir einen renommierten und recht teuren Referenten eingeladen hatten, mussten wir für die privat finanzierte Veranstaltung sogar ein Eintrittsgeld verlangen. Zu unserem Erstaunen kamen über 600 Besucherinnen und Besucher, um den Vortrag zu hören und gemeinsam über die aufgeworfenen Fragen zu diskutieren. So groß unsere Freude über das Interesse an einem philosophischen

Thema war, so ernüchternd waren bei der anschließenden Diskussion die Lautstärke und die vorherrschende Haltung des Publikums. Unverkennbar war der größte Teil der Zuhörerschaft mit dem Wunsch und der Erwartung gekommen, am Ende des Abends so etwas wie ein Ranking der Werte mit nach Hause zu nehmen. Welcher Wert steht ganz oben, welche sind die drei wichtigsten, wie sehen die Top Ten aus? Mitunter hatten wir das beklemmende Gefühl, dass dahinter nicht nur der Wunsch nach Orientierung, sondern vielmehr der nach einer moralischen Keule stand. Unsere Haupterkenntnis des so gut besuchten Abends war, dass wir noch nicht einmal wussten, wie ein gutes Gespräch über Werte zu führen ist. Wir haben uns dann fünf Jahre Zeit genommen, uns regelmäßig in der Gruppe getroffen, um über diese eine Frage zu diskutieren.

Das vorläufige Ergebnis unserer Runden war ein Modell, in dem wir verschiedene Lebenswelten gleichberechtigt nebeneinandergestellt haben: Privatsphäre, Religion, Bildung und Wissenschaft, Kunst, Wirtschaft, öffentliche Verantwortung und Freizeit. Jede einzelne Lebenswelt – so unsere Vorstellung – hat einen eigenen Ursprungswert, um den sie sich entwickelt hat. Die einzelnen Bereiche unterscheiden sich grundsätzlich voneinander und haben alle ihre eigenständige Berechtigung. In jeder dieser Welten lassen sich gänzlich unterschiedliche Erfahrungen machen. Mehr noch: Die Lebenswelten sind dazu da, diese unterschiedlichen Erfahrungen zu ermöglichen. Im Privatleben, also der Familie in ihren heute vielfältigen Erscheinungsformen, geht es um Vertrauen und darum, Hingabe, Geborgenheit, Herkunft und Zugehörigkeit zu erfahren. Die Religion, wie wir den Überbegriff für die Spiritualität genannt haben, dreht sich um den fundamentalen Sinn und bietet Raum für die Erfahrung von grundlegender Abhängigkeit und bedingungsloser Freiheit. Wissenschaft und Bildung, beherrscht von der Idee von Wahrheit, ermöglichen Erfahrungen von Objektivität und des Wissens um die Gesetze des Lebens. In der Kunst erschien uns die Schönheit als Wert. Sie schafft einen Erfahrungsraum für Subjektivität und stellt ein Gleichgewicht von Stoff und Form, von Sinnlichkeit und Vernunft her. In der Wirtschaft geht es um Wohlstand und die Erfahrung von Brauchbarkeit, Nützlichkeit, Zweckmäßigkeit und Effizienz. Bei der öffentlichen Verantwortung ist der Wert das Gemeinwohl; ihr Erfahrungsraum ist der von Sozialität, das Leben mit dem Anderen und dem Fremden. Bei der Freizeit kommt es auf die Individualität an - und darauf, Geselligkeit und Freundschaft völlig zweckfrei erleben zu können. Hinter dieser zugegebenermaßen sehr verdichteten Kurzbeschreibung steht die Überzeugung, dass alle Lebenswelten gleichberechtigt nebeneinander existieren und ein Gespräch über Werte nur dann gelingen kann, wenn man sich und den anderen klarmacht, über welche Lebenswelt man gerade spricht. Was in der einen gut ist, kann in der anderen hinderlich sein. Wenn ein Kind traurig ist und Trost braucht, dann kann ich dafür nicht einen Termin in meinen Kalender eintragen, sondern muss es unmittelbar und sofort in den Arm nehmen. Jedem Gesprächsbedarf im Wirtschaftsleben auf diese unmittelbare Art nachzukommen, wäre zum Scheitern verurteilt. Es gibt – das konnten wir mit unserem Modell schlüssig begründen – keine Rangliste der wichtigsten Werte, sondern ein Nebeneinander in großer Vielfalt. Es geht eben nicht darum, einen Wert allmächtig über die anderen zu stellen, sondern darum, die unterschiedlichen Werte auszubalancieren. Deshalb haben wir unser Projekt auch »Balancen« genannt. Ein Diskurs über Werte kann demnach nie zu einem Ende kommen, denn eine absolute Balance kann es nicht geben. Es bleibt immer ein Prozess, in dem mal das eine, mal das andere an Gewicht und Bedeutung gewinnt oder verliert. Derzeit ist es die Lebenswelt der Wirtschaft, die unser Denken und Handeln bestimmt. Ihre Ausdrucksformen haben sich auch in Bereichen breitgemacht, wo sie nicht hingehören. Im ökonomischen Zusammenhang mag Zeit vielleicht Geld sein, in anderen Bereichen unseres Lebens ist sie das garantiert nicht. Im Wirtschaftsleben erscheint es sinnvoll, Zeit nicht zu verplempern, effizient und nützlich zu sein; in anderen Zusammenhängen stehen wir uns mit dieser Haltung selbst im Weg. Auch wenn Sie es einem Zeitverzögerer wie mir vielleicht nicht so einfach glauben wollen, gehe ich hin und wieder sehr gern mit Tatendrang und voller Kraft einer Aufgabe nach. Ich wehre mich nur mit allen Mitteln dagegen, dass die Effizienz und Emsigkeit wie Diktatoren mein Leben durchgängig beherrschen. Da sie dies gesellschaftlich gesehen aber tun, ist faul zu sein heute eine wahre Herausforderung, eine harte Arbeit.

In einem reißenden Strom innezuhalten fühlt sich mitunter lebensgefährlich an, der Reflex zum Mitschwimmen wird fast automatisch ausgelöst. Wer in einer von Geschwindigkeit und Arbeit berauschten Welt zum Innehalten auffordert, riskiert den Ruf eines Aussätzigen, eines Ketzers. Dieser Gefahr stelle ich mich mit Freude. Inzwischen hat es sich in gewissen Wirtschaftsbereichen sogar herumgesprochen, dass besonders langes Arbeiten nicht unbedingt zu besseren Ergebnissen führt. Zwar noch vorsichtig und nur vereinzelt werden Vier-Tage-Wochen, Sechs-Stunden-Tage oder Modelle wie Jobsharing eingeführt. Die Vorreiter können sich vor Bewerbungen kaum retten und erzielen, zumindest einigen Studien zufolge, unterm Strich sogar bessere Ergebnisse als zu Zeiten, in denen sie den alten Arbeitszeitmodellen noch folgten. Wie fraglich der Zusammenhang von Länge der Arbeitszeit und dem Erfolg einer Wirtschaft ist, wird in einer Eurostat-Statistik für das Jahr 2010 deutlich. Mit 1670 Stunden pro Jahr arbeiten die Finnen am kürzesten. Mit 2095 Stunden im Jahr das mit Abstand längste Arbeitspensum haben die Griechen. Was hat ihnen die Plackerei gebracht?

Ich werde es bei der nächsten Gelegenheit Frithjof Bergmann nachmachen, mich in den Schatten eines Baumes auf eine Parkbank setzen, die Augen schließen und mich anschließend gut ausgeruht fragen, was mir wirklich, wirklich wichtig ist.

Leben ist das,
was passiert,
während du eifrig
andere Pläne
machst.

Was einem so zufällt

Sie halten gerade etwas in Ihrer Hand, was nie so geplant war. Ich wollte ein Buch schreiben. Ich wollte sogar zwei Bücher schreiben. Aber mein Plan war, ganz andere Bücher zu schreiben als dieses. Eines sollte mit visionärer Stärke die Markentechnik zur Markenphilosophie umkrempeln, das andere die Erkenntnisse der ausgiebigen Diskurse des Lübecker Werteforums zu Papier bringen, damit sie nicht verloren gehen. Mit Plänen ist das aber eine verhexte Sache, zumindest in meinem Leben. Kaum geschmiedet, kommt irgendetwas dazwischen und verändert alles. In diesem Fall war es eine ebenso freundliche wie inspirierende E-Mail von der Verlegerin dieses Buches. Sie konnte nicht wissen, dass ihre Anfrage, ob ich Lust hätte, über Faulheit zu schreiben, zu keinem besseren Zeitpunkt in meinem Postfach hätte landen können. Ein halbes Jahr früher? Ich hätte abgesagt. Ein halbes Jahr später? Ich wäre wahrscheinlich ins Markenbuch vertieft gewesen und hätte kein Ohr für ihr Anliegen gehabt. So aber passte es perfekt, und es hieß wieder einmal: »Plan über Bord – Segel setzen!«

Die alten Griechen hatten bekanntlich für jede Gelegenheit und Lebenslage mindestens einen passenden Gott. Für die Zeit hatten sie gleich zwei. Der eine, Chronos, steht für die Zeit, wie sie uns geläufig ist: eine Spanne von Anfang bis Ende, gradlinig und man könnte auch sagen messbar. Wie grausam dieser aus dem Chaos geborene Kerl war, erspare ich Ihnen an dieser Stelle zu lesen. Über die Unbarmherzigkeiten seiner Art von Zeit habe ich mich ja schon in den vorangehenden Kapiteln reichlich ausgelassen. Ein paar Göttergenerationen später erblickte der andere Zeitgott das Licht der Welt: Kairos. Der fiel vor allem durch seine befremdliche Frisur auf. Vorn hatte er einen Schopf, sein Hinterkopf war glatt und kahl. Was jeden Punk vor Neid erblassen lässt, hatte eine klare Funktion. Der Gott mit der schrägen Frisur war ausgesprochen hyperaktiv, lief ständig auf Zehenspitzen und mit beflügelten Füßen so schnell wie der Wind durch die Gegend. Kaum war er da, war er auch schon wieder weg. Die Kunst – oder das Glück –, so erzählen es uns die Mythen, bestand darin, die Stirnlocke des Jünglings sofort zu ergreifen. Wer zögert, verliert, denn sein Hinterkopf war in etwa so griffig wie ein nasser Aal. Und so steht Kairos für den rechten Moment, für die Gunst des Augenblicks. Das Spielchen mit ihm hat sich auch in unserer Sprache verewigt. Wenn wir die Gelegenheit beim Schopfe packen, dann fassen wir eigentlich nach der Tolle des Kairos. Mir kommt es oft vor, als hätte der Typ es darauf angelegt, mir ständig über den Weg zu laufen und mein Leben mit seiner Locke durcheinanderzubringen. Vielleicht bin ich ja auch besonders anfällig für ihn. Fakt ist zumindest, dass das Leben aus meiner Sicht fast durchgängig zufällig ist. Meine Pläne können noch so gut sein – sie werden meist von irgendetwas durchkreuzt. Also habe ich irgendwann beschlossen, meine planerische Betätigung auf die Ziele und Prozesse zu beschränken, bei denen zumindest eine gewisse Aussicht auf Erfolg besteht. Im Geschäftlichen funktioniert das einigermaßen. Aber auch da bin ich der Meinung, dass es vor allem wichtig ist zu wissen, wo und wofür man steht, wo die eigenen Stärken sind – und eine Idee davon hat, in welche Richtung die Reise geht. Dass man mit einem Businessplan und in Zahlen gefassten Wunschprognosen die Zukunft im Griff hätte, halte ich für eine Illusion.

Mein beruflicher Plan war es beispielsweise, einmal Mathematik zu studieren. Wegen der Null. Diese Zahl hat mich schon immer fasziniert (dazu später mehr). Und da für mich Mathe das Schulfach war, in dem ich stets mit dem geringsten Einsatz die besten Ergebnisse erzielt hatte, malte ich mir eine extrem entspannte Studienzeit aus. Ein bisschen Logik, lange ausschlafen und zügellos feiern oder irgendwo herumhängen – das war der Plan. Die Sache mit dem Ausschlafen und Herumhängen hat später im Studium ganz gut geklappt. Allerdings gänzlich ohne die Mathematik. Nach elf Semestern Philosophie und Politikwissenschaft, alle für den Abschluss nötigen Scheine waren zusammen, kam die nächste unglaubliche Wendung. Aus meiner das Studium finanzierenden Tätigkeit als Schreiberling für Reden und Artikel ergab sich eine interessante Herausforderung. Ein großes – sehr großes – Unternehmen wollte, dass ich ein anspruchsvolles Projekt begleite. Das Ding mit einem Studenten durchzuziehen, so der Vorstand, sei dem Aufsichtsrat aber nicht zu verkaufen. Ich müsste mich entscheiden: entweder den Studienabschluss machen oder eine seriöse Firma gründen. Eine GmbH müsste es schon werden. Da war er also wieder, der Lockenjüngling, der mich mit einem schelmischen Grinsen anschaute und vor die Frage stellte, ob ich nicht die sich darbietende Abkürzung nehmen wolle. Ich müsse ihm dafür nur beherzt ins Haar greifen. Mit inzwischen drei Kindern im Haus hörte sich das Angebot ziemlich gut an, auch wenn ich es damals recht spießig fand, eine richtige Firma zu haben. Zumindest wüsste ich dann aber, wie ich meine Familie satt bekäme. Den Zinnober mit Businessplan und was sonst noch zu einem – wie man es heute nennt – Start-up gehört, konnte ich getrost ignorieren; ich musste mir nur irgendwie das Geld für die Stammeinlage zusammenschnorren. Wie ich das angestellt habe, habe ich inzwischen vergessen, aber es klappte. Und auf diese Weise kam ich – sozusagen wie die Jungfrau zum Kind – zu einer richtigen Firma.

Aus diesen und vielen weiteren Erfahrungen habe ich vor allem eines gelernt: Je lockerer ich die Dinge auf mich zukommen lasse, desto wahrscheinlicher ist es, dass sie sich zum Guten entwickeln. Krampfhaft unternommene Versuche, der Firma mit großartigen Ideen und revolutionären Konzepten neue Kunden zuzuführen, entpuppten sich allzu oft als vergebliche Liebesmüh. Neuen Kunden begegnete ich dort, wo ich sie nicht vermutete. Eine langjährige internationale Zusammenarbeit ergab sich über einen benachbarten Handwerker, ein bahnbrechendes, sehr ertragreiches Projekt im Gesundheitswesen über eine Begegnung in einem Copyshop. Zu meiner großen Leidenschaft, das Kulturgut Brot zu fördern, kam ich, weil ein Bäcker gehört hatte, dass ich ganz ordentlich Reden schreiben könne. Er wollte, dass ich das für ihn auch mache. Seitdem bin ich als »Brotschafter« unterwegs und durfte über Jahrzehnte einige Hersteller meines Lieblingsprodukts als Ideengeber begleiten.

Etwas zu erzwingen, kostet viel Energie. Es ist viel weniger anstrengend, Dinge aus Leidenschaft und Freude zu tun. Absichtslos, weil sie für sich schön oder wertvoll genug sind. Mit solch einer Haltung kann man kaum verhindern, einen sinn- und wertvollen Beitrag für etwas zu leisten, was einem am Herzen liegt. Beigebracht wird uns allerdings gern das Gegenteil. Völlig ungefragt werden wir mit Ratschlägen und Ratgebern bombardiert, die uns weismachen wollen, dass sich mit der richtigen Strategie und diszipliniertem Fleiß alles erreichen oder zumindest optimieren lässt. Willkommen in der Du-musst-Gesellschaft! Selbstverständlich können Disziplin, Fleiß und Durchhaltevermögen dabei helfen, Ziele zu erreichen. Aber ganz darauf zu setzen und mit einem überspannten Bogen der Betriebsamkeit darauf abzuzielen, dass alles so kommt, wie man es will, bleibt eine Illusion. Schlimmer noch, so verliert man – vermute ich – den rechten Blick für die Geschenke, die quasi vom Himmel fallen. Die sind nicht immer hübsch verpackt, sondern kommen manchmal sogar in recht unansehnlicher Gestalt auf uns zu, durchkreuzen unsere Pläne, an denen wir so gern festhalten würden, und werfen uns aus der Bahn. Ich habe es mir inzwischen angewöhnt, mir bei den augenscheinlich ungeliebten Ereignissen eine Frage zu stellen: Wer weiß, wofür es gut ist? Ich weiß es oft nicht, und mir fällt meist auch niemand ein,

der es wissen könnte. Das Entscheidende ist, die Frage einfach unbeantwortet stehen zu lassen. Denn die Antwort wird
irgendwann kommen. Manchmal ist sie befriedigend, und
alles fügt sich zum Gutem. Manchmal lautet sie auch: Keiner
weiß es – jedenfalls jetzt noch nicht. Dann muss ich einfach
noch länger warten.

Mit der Idee eines vorbestimmten Schicksals konnte ich mich
nie so recht anfreunden. Die Vorstellung, dass irgendein Plan
existiert, ist mir viel zu starr. Das Leben würde dann – wie im
Film *Matrix* anschaulich erzählt – wie eine programmierte
Maschine ablaufen, ohne Platz für die Wendungen des
Lebens. Außerdem halte ich es für äußerst unwahrschein-
lich, dass meine Existenz einem ausgetüftelten Arrangement
zu verdanken ist. Wir suchen uns unsere Eltern nicht aus.
Ich hatte Glück und bin die Frucht einer großen Liebe von
zwei Menschen, die dazu noch sehr begabt in erzieherischen
Dingen waren. Aber es bleibt ein Zufall, dass wir als genau
das Wesen auf die Welt kommen, das wir sind. In unseren
Genen steckt zwar ein ausgesprochen komplexer Bauplan,
aber welches von den Millionen Spermien sein Erbgut in die
Eizelle einbringt, kann meines Erachtens niemand vorher-
bestimmen. Diese Idee des Unberechenbaren gefällt mir gut.
Sie öffnet uns die Tür zu einem entspannten Leben, in dem
wir uns über das Geschenk unserer Existenz freuen kön-
nen, uns aber nicht immer so bitterernst nehmen müssen.
Wir hätten ja durchaus auch ganz anders werden können.
Wenn wir die Idee einer Vorbestimmung, was wir wann zu

tun und zu erreichen haben, aufgeben, können wir auch aus der Nummer mit den Ameisen herauskommen. Wir können selbstbestimmt entscheiden, ob wir uns sinnlos abrackern oder ob wir uns den uns zufallenden wirklich wichtigen Aufgaben widmen. Wir müssen uns nicht einem System fügen, das schon vorher unseren Platz ausgewählt hat, sondern dürfen frei entscheiden, welchen Beitrag wir für die Welt leisten, was wir bewusst sein lassen und welchen zufälligen Wendungen wir folgen wollen. Die Voraussetzung für eine solche Freiheit ist allerdings, dass wir die Welt um uns herum und uns selbst überhaupt wahrnehmen und uns Zeit zum Nachdenken geben. Ohne zur Ruhe zu kommen, ohne innezuhalten, kommt uns das Geschenk unserer Freiheit abhanden. Dauernd auf voller Leistung – und in den wenigen Pausen immer auf Standby – werden wir uns selbst fremd und fühlen uns trotz all unserer Anstrengungen, selbst etwas zu bewirken, doch nur wie von fremder Hand getrieben.

Ein bisschen verrückt ist das schon. Eigentlich wissen wir doch genau, dass es uns eine Riesenfreude bereitet, wenn wir von einem Geschenk überrascht werden. Die Spannung knistert quasi mit dem Aufreißen des Geschenkpapiers, von dem wir nicht wissen, was es verbirgt. Wie fad dagegen wirkt die planmäßige Befriedigung einer Erwartungshaltung! Von meinem Patenonkel habe ich als Kind stets pünktlich eine Glückwunschkarte mit einem Geschenk erhalten. Auf die Karte schrieb er – oder war es seine Sekretärin? – immer, dass er mir »gesundheitliches Wohlergehen« wünsche. Nach einigen Jahren war mein sehnlicher Wunsch, dass er meinen Geburtstag bitte, bitte vergessen möge. Trotz unserer Erfahrung, dass wir mit Überraschungen glücklicher werden als mit pünktlicher Lieferung des Erwartbaren, halten wir so unnachgiebig daran fest, möglichst wenig dem Zufall zu überlassen. Es wird mir immer schleierhaft bleiben, warum wir uns so viel Freude nehmen, ja uns sogar noch danach recken und strecken, möglichst viel zu erzwingen. Viel schöner ist es doch, dem Zufall zu vertrauen und die Dinge einfach auf uns zukommen zu lassen. Und viel weniger anstrengend ist es außerdem. Wo bleibt da - diese Frage erlaube ich mir - die Ernsthaftigkeit des ökonomischen Glaubensbekenntnisses zur Effizienz? Möglichst viel Energie in etwas hineinstecken, um weniger Glück zu erfahren - gerade aus betriebswirtschaftlicher Sicht ist das doch ein Frevel und müsste jeden Leistungsjunkie wahnsinnig machen.

Der Zufall hat noch eine weitere Seite, die unser Leben ungemein bereichert. Ohne ihn wäre die Welt bar jeglichen Humors. Das Prinzip des Witzes ist einfach. Wir lachen dann, wenn etwas passiert, was wir nicht erwarten. Je abwegiger die Pointe, desto bebender das Zwerchfell. Selbst wenn es um Verbrechen geht, sehnen wir uns nach Pointen. Ein Krimi, bei dem ich schon in den ersten zehn Minuten oder auf den ersten dreißig Seiten weiß, wer der Mörder ist, ist eine nebenwirkungsfreie Alternative zu Schlaftabletten. Kurz, das Glatte, Reibungslose reizt uns nicht. Nur im »echten« Leben tun wir fast alles, um nicht vom Zufall aus dem

Trott gebracht zu werden. Ich fürchte, dass dahinter eine Art von Angst steht, für die es neben einem gesunden Vertrauen in die Welt – früher auch Gottvertrauen genannt – nur ein Gegenmittel gibt: sich selbst nicht so ernst zu nehmen, auch auf die Gefahr hin, dass es zu lustigen Nebenwirkungen kommen könnte. Ich bin überzeugt davon, dass es mit einer gelassenen Haltung auf jeden Fall lustvoller wird. Oder wie Martin Luther schon schrieb: Aus einem verzagten Arsch kommt kein fröhlicher Furz.

Der entscheidende Vorteil von Zufällen ist für grundsätzlich faule Menschen wie mich, dass man rein gar nichts tun muss – und auch nicht kann –, um sie hervorzulocken. Wie Kairos schwirren sie in der Gegend herum und bieten sich an, denjenigen in den Schoß zu fallen, die ruhig genug dafür sind, sie sich in den Schoß fallen zu lassen. Für diejenigen, die alles erzwingen wollen und angestrengt ihre planmäßigen Ziele verfolgen, damit alles in ordnungsgemäßen Bahnen verläuft, sind die Zufälle nicht schön verpackte Geschenke, sondern vom Schicksal erteilte Schläge. In der seit einiger Zeit in Mode gekommenen Glücksforschung ist man sich einig, dass Erwartungshaltungen zu den Glückskillern der obersten Kategorie gehören. Insbesondere, wenn sie hochgesteckt sind, führen sie regelmäßig zu Enttäuschungen. Das ist alles andere als verwunderlich, denn wenn der Blick auf das Unerreichbare gerichtet ist, geraten die kleinen Dinge, die uns Freude stiften könnten, aus dem Fokus. Wir übersehen sie und rasen zielstrebig an ihnen vorbei. Es muss aber nicht einmal das große Ziel sein, das uns im Weg zu uns selbst steht. Allzu oft reichen die antrainierten Programme des Ehrgeizes: Sei perfekt! Mach es schnell! Sei gefällig! Sei stark! Streng dich an! Diese inneren Antreiber erzeugen einen wirkungskräftigen Erwartungsdruck, der eine entspannte Lebenshaltung schon im Keim erstickt. Läuft so ein Programm erst einmal auf Touren, verstärkt es sich ständig selbst. Es fällt einem dann immer schwerer, auf die Idee zu kommen, sich auch ein paar »Erlauber« zuzugestehen, fünf auch mal gerade sein, es langsam gut sein zu lassen, wir es nicht allen recht machen müssen und auch mal schwach sein und der Faulheit frönen dürfen.

Es kommt ja ohnehin alles anders, als wir denken. In diesem Sinne bin ich neugierig darauf, was noch so in dieses von mir nie geplante Buch, das Sie jetzt trotzdem in Ihren Händen halten, hineinfallen wird. Für den Moment fallen mir gerade die Augen zu. Es ist Zeit für ein Päuschen. Bis später!

Vom Müssen zur Muße

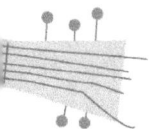

Meine große Leidenschaft ist die Musik. Als Ergänzungsnahrung zur Muttermilch bin ich mit Bachkantaten und Beethovensymphonien aufgezogen worden. Ich hatte sogar einmal das Glück, als Kind in einer Aufführung von Puccinis *La Bohème* in einem richtigen Theater mitsingen zu dürfen. Für die drei Töne des Solos auf dem Marktplatz – »will das Pferd und die Trompete!« – wurde meine Chorgage sogar verdoppelt. Ich habe mir davon mein erstes Fahrrad gekauft. Neben der kleinen Melodie des Solos habe ich noch heute den muffigen Geruch der Kostüme in Erinnerung, der mich, wenn er mir irgendwo unvermutet etwa aus einem alten Kleiderschrank in die Nase steigt, wieder in die Garderoben hinter der Bühne zurückversetzt und in Gedanken ditschen lässt. So nannten wir damals das Spiel, bei dem wir die federleichten Theatermünzen aus Aluminium möglichst nah an die Wand geworfen und im Spiel versunken das eine oder andere Mal fast unseren Bühnenauftritt verpasst hatten. Die Tatsache, dass das Theater sein eigenes Geld hatte, mit dem man außerhalb des Musentempels nichts kaufen konnte, fand ich faszinierend und steigerte den Wert der Münzen unter uns Chorknaben ins schier Unermessliche. Mehr schlecht als recht lernte ich in jungen Jahren das Gitarrespielen, wobei ich mich konsequent weigerte, irgendwelche Noten vom Blatt aufs Griffbrett zu übertragen. Doch um einen Blick in das wahre Geheimnis der Musik zu erhaschen, musste ich noch einige Jahrzehnte warten und an einer Bergwanderung teilnehmen. In unserer Wandergruppe befand sich ein schon etwas betagterer Schwede mit Hüftproblemen.

Ich hatte ihn tags zuvor bei einer Blues-Session kennengelernt. Während ein paar Freunde und ich so richtig in Fahrt waren und einen angeheiterten französischen Journalisten beim Vortrag seiner meist frivolen Songtexte begleiteten, holte jener Skandinavier eine Melodica hervor – ein kleines, nicht einmal drei Oktaven umfassendes Tasteninstrument mit einem Mundstück, in das man hineinbläst, um die darin befindlichen Stimmzungen zum Klingen zu bringen. Statt nun aber verschiedene Töne aus der mir bisher eher unsympathischen Mundorgel zu entlocken, spielte Pete, so heißt der inzwischen gute Freund aus Stockholm, nur einen einzigen Ton. Ich glaube, es war ein A. Nach zehn Minuten hätte ich ihm am liebsten die Melodica aus dem Mund gerissen. Weitere zehn Minuten später begann ich, ihn zu lieben, denn hinter dem anfangs schräg klingenden Gefiepe offenbarte sich mir eine Ahnung der ganzen Bandbreite des Blues. Mit den Variationen dieser einen Note erzählte Pete Geschichten von tiefem Scherz, von unbändiger Lust, von unerfüllter Liebe, von besinnungslosem Rausch, von absurden Situationen und von der Sehnsucht nach dem Leben. Seinen ganz speziellen Zugang verriet er mir auf besagter Bergwanderung. Angesichts des immer steiler werdenden Anstiegs beschloss er auf einer schönen Almwiese, die Gruppe ohne ihn weitergehen zu lassen. Seinen Blick zu mir herüber deutete ich als Einladung, mit ihm gemeinsam zu rasten. Ich erfuhr, dass er als Beatnik und Musikjournalist wilde Jahre in den Vereinigten Staaten erlebt hatte, in denen er sogar einmal zusammen mit Dizzy Gillespie im Gefängnis Sing Sing spielte. Stundenlang hätte ich ihm zuhören können. Doch der überwältigend schöne Blick von der Almwiese ins Tal beraubte uns der Worte. Schauend und schweigend saßen wir nebeneinander. In diesem endlosen Moment begannen wir, lautlose Töne ins Tal hinabrollen zu lassen. Ohne uns abzusprechen, hatten wir beide die Fantasie, den Steinen und dem Gras, den Kühen und den Bäumen einzelne Töne zu schenken, die auf wundersame Weise den Hang hinunterpurzelten, hin zu den Menschen in den unten gelegenen Dörfern. Natürlich konnte niemand außer uns diese Musik hören, sie fand ja nur in unseren Köpfen statt. Dort aber umspannte sie ein ganzes Universum und öffnete mir eine bislang verborgene Ahnung von der Schönheit dieser Welt. Was nach einem völlig abgedrehten Drogentrip klingt, fand ohne jegliche Rausch- oder Betäubungsmittel statt. Unsere einzigartige Erfahrung entstand einfach aus dem gemeinsamen Nichts. Für die Welt um uns herum war sie völlig nutzlos. Und doch webte sie ein Band, das uns auf geheimnisvolle Weise mit ihr in eine tiefe Sinnbeziehung brachte. Seit diesem Tag begreife ich meine Gitarren und andere Instrumente als Freunde, die mir – wenn sie denn in der richtigen Stimmung dazu sind – göttliche Töne schenken. Und so bereitet es mir auch zur Freude meiner Liebsten die größte Erfüllung, an einem lauen Sommerabend auf der Terrasse zu sitzen, einfach vor mich hin zu klimpern und mich von dem überraschen zu lassen, was die Saiten in Resonanz bringt. In diesen Momenten beschleicht mich eine Vermutung von dem, was Freiheit wirklich bedeuten könnte.

Mir ist nicht bekannt, dass der große Philosoph Aristoteles je Gitarre spielte. Wenn, dann wäre es auch die Kithara gewesen, der altgriechische Vorgänger unseres heutigen Zupfinstruments. Soweit ich weiß, bemüht er das Instrument nur als Beispiel für die Ausbildung charakterlicher Tugenden. Um solche zu entwickeln, muss man das tun, was für ein gutes Spiel auf jedem Instrument vonnöten ist: üben. Charaktertugenden bilden sich, so die These des Philosophen, nicht durch Belehrung, sondern durch Gewöhnung. Wer gerecht sein will, muss sich darin üben, Gerechtes zu tun. Wenn Aristoteles an anderer Stelle behauptet, dass die Muße die Schwester der Freiheit sei, dann erlaube ich mir, ein freies Denken in den Stand einer Tugend zu setzen und schlusszufolgern, dass nur derjenige Geist frei werden kann, der sich im Müßiggang übt. Umgedreht wird aus dieser Logik ein Schuh, den sich Verschwörungstheoretiker bestimmt gern anziehen. Will man Menschen beherrschen, so raubt man ihnen einfach ihren Freigeist, indem man sie andauernd beschäftigt oder zerstreut. Man hindert sie auf diese Weise sehr wirkungsvoll daran, den Müßiggang zu schulen. Ich schreibe bewusst das Wort schulen, denn der Ursprung von Schule ist das griechische Wort *scholé*. Das wiederum bedeutet nichts anderes als Muße, also die wahrhaft freie und unbelastete Zeit. Mit allem Unmüßigen – der *ascholia* – plagen wir uns, der antiken Denk- und Lebensweise folgend, nur ab, um müßig sein zu können und im Wahren, Guten und Schönen Erfüllung zu finden.

Dieser Gedanke führt mich direkt nach Romanshorn in die Schweiz. Der Schulleiter des dort beheimateten EuregioGymnasiums wollte für den ersten Abiturjahrgang seiner noch jungen Schule eine besondere Reifeprüfung durchführen. Die Maturandinnen und Maturanden sollten seiner Vorstellung nach ebenso reif für die Hochschule wie für das Leben selbst sein. Zusammen mit meinem Freund Mark Riklin, dem Schweizer Landesvertreter des Vereins zur Verzögerung der Zeit, entwickelte er eine letzte Prüfung, die in keinem offiziellen Lehrplan steht – und wahrscheinlich auch nie stehen wird: den Maturaschlaf. Und so begab es sich am Mittwoch, dem 4. April 2001, dass es um 15:25 Uhr aus den Lautsprechern des Bahnhofs Romanshorn flüsterte: »Auf Gleis 5 eingefahren ist der Regionalzug nach Arbon, Rorschach. Bitte verhalten Sie sich in Sektor C ruhig, auf Perron 2 und 3 wird geschlafen!« Und tatsächlich standen auf den Bahnsteigen Liegen mit den 14 Prüflingen, die beweisen sollten, auch unter erschwerten Bedingungen zur Ruhe kommen zu können. Auch wenn einige dieser letzten Prüfung entgehen wollten, hatten es am Ende doch alle geschafft und neben ihrem Maturazeugnis ein Reifezertifikat erhalten, in dem ihnen bescheinigt wurde, dass sie nicht nur nachgewiesen haben, gut darauf vorbereitet zu sein, in der Welt des Wissens zu bestehen, sondern sich zudem in existenzieller Weise mit der Notwendigkeit des Schlafens vertraut gemacht zu haben.

In diesem Zusammenhang rege ich an, das geflügelte Wort »Nicht für die Schule, sondern für das Leben lernen wir«

noch einmal gründlich zu überdenken. Dieser Satz führt eventuell deshalb zwangsläufig zu Unwohlsein, weil der Fehler nicht bei den Pennälern, sondern in unserem heutigen Verständnis von Schule liegt. Wenn die Muße der Mut stiftende, Erfüllung und Glück ins Leben bringende Zustand ist, dann lernen wir – richtig übersetzt – eben doch für die *scholé,* die ja das Gute im Leben bedeutet. Dass dies eingezwängt in einen 45-Minuten-Takt zum Scheitern verurteilt ist, haben glücklicherweise schon einige Lehrerinnen und Lehrer, Eltern und für das Bildungswesen Verantwortliche begriffen. Mein Lieblingsbeispiel dafür lieferte Alfred Hinz als Leiter der Bodensee-Schule St. Martin in Friedrichshafen. Weil er, sein Kollegium und der katholische Träger der Schule erkannt haben, dass die schnelle Taktung und Zerstückelung des Schultages alles andere als Lust auf Begegnung mit der Welt und dem, was sie zu bieten hat, machen und auch weil sich nirgends im baden-württembergischen Schulgesetz eine konkrete Vorschrift finden ließ, wie lange eine Schulstunde zu dauern habe, hat er einfach ein Taschentuch zwischen Klöppel und Glocke geklemmt und so die Schulklingel verstummen und die fremdbestimmte Taktung verschwinden lassen. Statt eingeschachtelt in Fächern wird vernetzt gelernt, oftmals als quälend und schmerzlich empfundene Leistungsüberprüfungen in Form von Klassenarbeiten werden erst dann geschrieben, wenn das Gesetz es verlangt, also erst nach der Grundschulzeit. Hinter all dem steht ein Menschenbild, das auf die Einzigartigkeit jeder Schülerin und jedes Schülers abhebt und sich nicht damit abfindet, aus den kleinen, schönen Menschen kleine Rädchen in der Maschinerie eines fremdbestimmten Lebens zu machen.

Auch wenn solche Beispiele inzwischen Schule und Mut machen, so bleibt das rein auf Leistung gerichtete Denken in unserer Gesellschaft doch vorherrschend. Fragen nach dem Warum und dem Wohin werden so lange zurückgestellt, wie es ausschließlich um Wachstum geht, darum, von allem immer mehr und immer billiger herzustellen und zu konsumieren. Dass wir mit weniger Materiellem viel reicher sein könnten, kommt im Freiheitsversprechen der Ökonomie nicht vor. Wenn es der Philosoph Bertrand Russell, der 1950 mit dem Nobelpreis für Literatur ausgezeichnet wurde, in seinem Essay *Lob des Müßiggangs* schon 1935 für möglich hielt, dass jeder Mensch nur vier Stunden arbeiten müsste, wie viel weniger Arbeitszeit müsste dann heute, über ein Dreivierteljahrhundert und etliche ausgetüftelte Automationsmöglichkeiten später, von jeder und jedem von uns erbracht werden, um unsere materiellen Bedürfnisse zu stillen? Russell war schon damals überzeugt, dass »in der Welt viel zu viel gearbeitet wird, dass die Überzeugung, Arbeiten sei an sich schon vortrefflich und eine Tugend, ungeheuren Schaden anrichtet und dass es nottäte, den modernen Industrieländern etwas ganz anderes zu predigen, als man ihnen bisher gepredigt hat«. Der Weg zu Glück und Wohlfahrt, so Russell weiter, sei in einer organisierten Arbeitseinschränkung zu sehen. Und er wird noch deutlicher, wenn er die Moral der Arbeit als Sklavenmoral bezeichnet. Ich klinke mich nur zu gern ein in seinen Traum einer Gesellschaft, in der es Glück und Lebensfreude gibt statt der »nervösen Gereiztheit, Übermüdung und schlechten Verdauung«. Wahrscheinlich sind wir zu beschäftigt, um uns von solchen Visionen beflügeln zu lassen. Stattdessen jagen wir mit beständig steigender Geschwindigkeit dem Wachstum nach, verbrennen dabei im Wahnsinnstempo unsere natürlichen Ressourcen und merken nicht, dass wir selbst umso mehr verkümmern, je schneller unsere Wirtschaft wächst. Würden wir die Muße kultivieren, gingen wir schon deshalb verantwortungsvoller mit unserer Welt um, weil wir nur so viel verbräuchten, wie sie verkraften kann. Gleichzeitig verlören wir auch die Angst davor, dass uns etwas weggenommen wird – zum Beispiel unser unglaublich hoher Standard an materiellen Gütern.

Im Gegenteil wird uns gebetsmühlenartig eingeschärft, dass wir wachsen müssten. Mit »wir« ist unsere Wirtschaft gemeint. Noch mehr produzieren, noch mehr konsumieren. Ich führe seit Jahren eine persönliche Not-to-do-Liste. Darauf vermerke ich, welchen Tätigkeiten ich mich mit welcher Priorität bis wann enthalte. Vielleicht wäre es eine gute Idee, eine solche Liste auf gemeinschaftliche Vorhaben auszudehnen. Ein paar Ideen dafür hätte ich schon: den Bau von Stuttgart 21 zum Beispiel oder ständig noch größere und spritfressendere Karossen zu produzieren. Wessen Glück hängt davon ab, mit einem SUV durch die Großstadtstaus zu walzen oder eher darin zu stehen? Die Städte mit der höchsten Lebensqualität der Welt erreichen ihren Status zu einem nicht unbeträchtlichen Teil doch gerade dadurch, dass sie den Automobilverkehr zugunsten von Fahrradwegen und Orten zum Flanieren und Verweilen zurückdrängen. Jegliche Art von Wegwerfprodukten würde ich auch gleich mit auf die kollektive Not-to-produce-Liste setzen, ganz gleich, ob es sich um Mobiltelefone und Computer mit einer Lebenserwartung von maximal zwei Jahren, um Möbel, die schon nach der ersten unsanften Nutzung ins sich zusammenbrechen, um Wegwerfklamotten oder um hochindustrialisierte Ernährungsprodukte handelt, die die Bezeichnung Lebensmittel nicht mehr verdienen. Dass vieles davon so billig ist, liegt unter anderem daran, dass viele Kosten der Produktion externalisiert, also nach außen verlagert werden. Die Folgen schlechter Arbeitsbedingungen, einer ausgebeuteten Natur, mangelndem Umweltschutz und politischer Korruption werden im Produktpreis einfach nicht mitberechnet, weil sie zuerst und direkt nicht bei uns auftreten. Dass solche Preiskalkulationen in Zeiten einer globalisierten, vernetzten Welt langfristig nicht aufgehen können, führen uns schon Klimaveränderung und Migration so deutlich vor Augen, dass es noch nicht einmal einer Mußestunde bedarf, um die Zusammenhänge zu verstehen. Wie sehr unsere vorherrschende Arbeitsmoral dafür sorgt, dass das System ungebremst weiterwächst, ist schon etwas kniffliger herauszubekommen. Wahre Muße, und damit meine ich nicht konsumartige Formen der Zeitzerstreuung, wäre wie Sand in dem Wachstumsgetriebe. Und ich bin überzeugt davon, dass es noch kräftig knirschen muss, damit wir endlich zur Besinnung gelangen.

Wie sehr unser geschäftiges Denken uns ständig zu unnötigem Handeln drängt, zeigt sich fast schon auf poetische Weise in einer weiteren Geschichte, mit der sich der Kreis dieses Kapitels schließt. Und zwar in Stockholm. Immer noch inspiriert von der musikalischen Almerfahrung der frühzeitig abgebrochenen Bergwanderung beschloss ich, meinen Freund Pete in Schweden zu besuchen. Schlafen konnte ich in seinem Atelier. Seine tiefe Liebe und Verbundenheit zu dem freien Amerika, in dem er so schöne Jahre verbracht hatte, prallte derartig heftig auf die dortigen politischen Entwicklungen, dass er seinen Schmerz in überdimensionalen Gemälden von Miss Liberty ausdrücken musste – und damals war Trump noch nicht einmal auf dem politischen Bildschirm zu sehen. Inmitten der knalligen Großformate stand eine Gitarre. Sie sah herzzerreißend schlecht aus. Pete hatte sie in einem Sperrmüllhaufen am Straßenrand gefunden. Von den sechs Saiten war nur noch eine aufgespannt. Sofort schlug ich dem Freund vor, das Instrument auf Vordermann und mit neuen Saiten wieder zum Klingen zu bringen. Pete wehrte mein Angebot ab, als wäre es ein Frevel. Ob ich dem Instrument die Seele rauben wolle, fragte er mich entsetzt. Diese Gitarre sei nicht kaputt. Vielmehr würde ich sie zerstören, wenn ich sie neu besaitete. Es handle sich um eine wahre Bluesgitarre. Die Kunst sei es, auf der einen Saite die Melodie zu finden, die dieser Gitarre innewohnt. Mit größtem Respekt nahm ich das Instrument vorsichtig in die Hand und begann zu spielen.

Stress

Pflicht

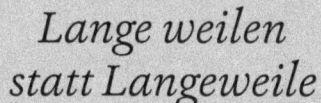

Lange weilen
statt Langeweile

Haben Sie schon einmal einem Brotteig beim Gären zugesehen? Mir bereitet das regelmäßig große Freude. Es ist eine Lust, die sich an der Langsamkeit ergötzt. Nach dem sehr sinnlichen und aktiven Kneten des Teigs folgt eine lange Phase des reinen Schauens, Lassens und Wartens. Dem Teig ist es egal, ob ich ihn beobachte. Er geht auch ohne mich auf, solange die Umgebungstemperatur stimmt. Mein Schauen ist also komplett nutzlos. Genau das liebe ich daran. Von einem italienischen Pizzameister – er hat tatsächlich ein paarmal die Auszeichnung gewonnen – stammt der Tipp, den Teig mit nur sehr wenig Hefe anzusetzen und ihn dann mindestens 24 Stunden im Kühlschrank gehen zu lassen. Die Aromen sind köstlich. Der einzige Nachteil dieses ansonsten guten, von mir gern befolgten Rates: Es ist schwierig, den Teig im Kühlschrank zu beobachten, was eine Minderung meiner Freude zur Folge hat. Ich sitze auch gern am Feuer und betrachte die Flammen. Es ist ein Schauspiel der besonderen Art, wie sie sich in mannigfaltigen Farbschattierungen erst der Oberfläche der Holzscheite bemächtigen, um sie dann zu den skurrilsten Erscheinungen zu verformen. Irgendwann nehmen die meisten sonderbare Tierformen an, oft schaut ein glühendes Auge aus dem Kamin. Bevor nur noch die Glut und zuletzt ein Häufchen Asche übrig bleiben, entsteht ein kleines Universum von Fantasiegestalten. Noch kontemplativer ist es, stundenlang am Meer zu sitzen, Wind und Wasser zu lauschen und mit den Augen dem ewigen Kommen und Gehen der Wellen zu folgen. Manchmal erblicke ich dabei winzige, bedeutungslose Details, die mich erfreuen, ein anderes Mal schaue ich einfach nur verträumt auf den Horizont und lasse meinen Gedanken freien Lauf. Die Krönung ist es allerdings, auf einer gemütlichen Unterlage liegend den Blick so lange in den nächtlichen Sternenhimmel zu richten, bis der Schlaf sich langsam auf meinen Körper und Geist legt. Zu spüren, ein winzig kleines Teilchen eines unendlichen Weltraums zu sein, ist eine tief erfüllende Erfahrung. In all diesen lange weilenden Phasen des Nichtstuns begegne ich regelmäßig mir selbst. Wie ein Wunder keimen aus der nur scheinbaren Leere Gefühle von Geborgensein und Liebe, Blüten der Kreativität und eine ruhige, gelassene Kraft. Es kann so schön sein, lange zu verweilen, ohne etwas zu tun.

Diese Erfahrungen beschreiben so ziemlich das Gegenteil von dem, was wir landläufig unter Langeweile verstehen. Der Philosoph Arthur Schopenhauer sieht in ihr gar einen von zwei Polen, zwischen denen sich unser Menschenleben abspielt. Der Gegenpol der Langeweile ist die Not. Beide, so Schopenhauer, seien die Feinde unseres Glücks. Bei der äußeren Not – etwa Hunger, Existenzängste oder gar Verfolgung und Krieg – liegt es auf der Hand, was unserem Glück im Wege steht. Und es ist nachvollziehbar, dass keine Langeweile aufkommen kann, ist man doch durchgehend damit beschäftigt, die Not zu lindern oder besser noch zu beheben. Sobald das Leben aber wieder sicher und komfortabel ist, wüssten die Menschen mit ihrem Dasein nichts mehr anzufangen und würden sich darin üben, ihre Zeit totzuschlagen. Schopenhauer stellt sogar die kühne Behauptung auf, dass der Kampf gegen die Not genauso quälend sei wie der gegen die Langeweile. Bei Letzterer werden wir zu Mördern eines unserer kostbarsten Güter, der Zeit. Nun ist der Philosoph schon seit über 150 Jahren tot. In dieser Zeit hat sich der Mensch in seinem Grundwesen zwar nicht sonderlich geändert, wohl aber die Welt um ihn herum. Der materielle Wohlstand in unseren Industrieländern hat sich explosionsartig gesteigert, abgesehen von den grausamen Jugoslawienkriegen ging es ab der zweiten Hälfte des 20. Jahrhunderts zumindest in Europa relativ friedlich zu, rechtsstaatliche Verfassungen sorgen für bürgerliche Freiheiten und den Schutz vor staatlicher Willkür, internationale Konventionen wahren existenzielle Menschenrechte und da, wo ein Sozialstaat funktioniert, sollten Menschen ein Dach überm Kopf, ausreichend zu essen und zumindest eine medizinische Grundversorgung haben. Das sind ideale Voraussetzungen dafür, dass das Schopenhauer'sche Pendel ins andere Extrem ausschlägt und unsere Gesellschaft mit Langeweile quält. Ein Blick auf die – vor allem westliche – Kultur des jungen 21. Jahrhunderts scheint die These des Philosophen zu bestätigen. Wo wir auch hinschauen, bieten sich tausendfache Angebote, unsere Zeit zu zerstreuen: auf Reisen, auf Events, in Vergnügungsparks, im Fitnesscenter, mit unzähligen Magazinen von Rätselspaß über Tratsch und Klatsch bis zu Heften für Spezialinteressen und zunehmend auch zu Hause am Bildschirm und ortsunabhängig mit den smarten Geräten.

Der kommerzielle Zeittotschlägermarkt boomt ungebremst. Um das Milliardengeschäft weiter am Wachsen zu halten, werden immer neue Spielarten des Zeitvertreibs erfunden und konsumiert. Spätestens seit die Digitalisierung in unser Leben Einzug gehalten hat, werden die Ablenkungen im wahrsten Sinne des Wortes immer kurzweiliger. Allein in den drei größten App Stores können Sie heute aus rund sechs Millionen Programmen wählen. Mit Abstand am meisten heruntergeladen werden übrigens Spiele, mit denen man sich allein oder übers Netz mit anderen verbunden vergnügen kann. Während im Büro oder im Homeoffice arbeitende Menschen noch von den inzwischen ja fast als altertümlich zu bezeichnenden E-Mails ständig von der Arbeit abgelenkt werden, ist die Zerstückelungspraxis im Privaten noch kleinteiliger und heftiger, weil es immer häufiger gleich aus mehreren Kanälen piepst, klingelt oder sonst wie angekündigt wird, dass es wieder etwas Neues anzuschauen gibt. So wird Wichtigkeit suggeriert. Aktuell stehen der Messenger WhatsApp und die Videoplattform YouTube am höchsten im Kurs. Eine viel zitierte Studie der Rheinischen Friedrich-Wilhelms-Universität Bonn, die in ihrem »Menthal Balance«-Forschungsprojekt die Smartphonenutzung von 60 000 Probanden ausgewertet hat, gibt an, dass wir im Schnitt 88-mal am Tag unser Handy aktivieren. Ein bisschen smartphonefreie Schlafzeit berücksichtigend, schalten wir also fast alle zehn Minuten unseren Hosentaschenrechner ein. Mir fällt der zwanghafte Reflex, das Smartphone in die Hand zu nehmen, besonders an Orten auf, an denen man warten muss. Beim

Warten auf oder Fahren mit öffentlichen Verkehrsmitteln scheint die Qual der Langeweile besonders schwer auszuhalten zu sein. Wer in solchen Situationen einfach nur dasitzt und in die Luft guckt, ist ein echter Exot und steht vielleicht schon bald auf der Roten Liste der aussterbenden Arten. Die Hirnforschung ist inzwischen fleißig dabei herauszufinden, welche Auswirkungen die ständigen Unterbrechungen auf unsere grauen Zellen haben. Was ich dazu bis jetzt gelesen habe, macht mir nicht gerade Hoffnungen. Dass sie unsere Fähigkeit, bei etwas lange zu verweilen, verkümmern lassen, behaupte ich auch ohne empirische Beweise. Im Grunde wirkt die zerstreuende Ablenkung mit hoher Taktfrequenz wie eine Droge, die jede noch so kleine Leere füllt und das Leben erträglich macht. Wie bei jeder Droge ist es aber wie ein Teufelskreis: Je kurzweiliger wir unser Leben gestalten, desto schneller langweilen wir uns. Die vielen anderen Ablenkungen und Zerstreuungen neben dem Smartphone berücksichtigend, würde ich den heutigen Umgang mit unserer Zeit nicht mehr als Zerstückelung bezeichnen - da erkennt man wenigstens noch, was es einmal war -, sondern als Verfleischwolfung. Gulasch war gestern, heute gibt es nur noch Gehacktes. Anscheinend sind die großen Anbieter der Betriebssysteme für Smartphones auch selbst darauf gekommen, dass die Häufigkeit und Dauer der Nutzung so erschreckend angewachsen ist. Mit einer App teilen sie uns mit, wie oft und lange wir am Gerät hängen. Und quasi als Eingeständnis des Suchtcharakters ermöglichen sie es uns, bildschirmfreie Zeiten einzurichten. Ich würde mich nicht wundern, wenn bald ein verpflichtender Startbildschirm wie bei den Zigarettenpackungen vor den Folgen der Benutzung warnte: »Übermäßige Ablenkung von der analogen Welt und von Ihrem Selbst kann dazu führen, dass sich Ihre Angst vor Langeweile weiter steigert. Zu Wirkungen und Nebenwirkungen der Handynutzung fragen Sie Ihre echten Freunde, wenn Sie noch welche haben!« Seit einem der letzten Updates meines Mobiltelefons weckt mich sonntagmorgens ein Nachrichtenton, der mich auf meine Bildschirmzeit hinweisen will. Ich muss das verfluchte Teil irgendwo ausschalten. Mit dem Warnhinweis könnte ich sogar leben – solange er das tonlos macht.

In meinem Brotberuf als Markenberater habe ich eine weitere interessante Erfahrung gemacht. Wir leben von guten Ideen, von dem, was man gemeinhin als Kreativität bezeichnet. Auch wenn das Talent dazu sicherlich gleichmäßig über die Menschen verteilt ist, konnte ich im Laufe der vielen Jahre beobachten, dass die herausstechend Kreativen zumeist auf dem Land aufgewachsen sind, also dort, wo eigentlich nichts los ist, wo man spätestens beim Erreichen der Pubertät nicht tot überm Zaun hängen möchte. Ich vermute, dass gerade das Fehlen der vielfältigen urbanen Ablenkungs- und Zerstreuungsversuchungen und das gemächlichere Lebenstempo dazu führen, besser mit der Langeweile klarzukommen. Und ich bin mir, auch wenn ich es nicht beweisen kann, recht sicher, dass genau diese Fähigkeit ein ausgesprochen fruchtbarer Boden für das Talent der Kreativität ist. Das längere

Verweilen bei einer Sache oder auch beim bloßen Schauen lässt die Quellen der Fantasie erst richtig sprudeln. Ich wurde einmal von einem großen Zeitschriftenverlag als Kreativtrainer engagiert, weil der Redaktion eines der in dem Verlag erscheinenden Magazine angeblich die Ideen ausgegangen waren. Auch wenn recht bald klar war, dass das eigentliche Problem ein nicht aufgearbeiteter Konflikt war, hatte ich zur Aufhebung der Kreativitätsblockade einen Ratschlag, der meines Erachtens viel besser war als jede Technik, mit der man krampfhaft die letzten Einfälle aus den Journalistinnen und Journalisten herauszuquetschen versuchte: Setzt euch in das nächste Straßencafé und macht einfach einmal nichts! Vor euren Augen liegen so viele erzählenswerte Geschichten, die ihr mühelos auflesen könnt, sobald ihr euer Tempo zumindest für ein paar Stunden herunterfahrt. Verweilt so lange, bis diese Geschichten sich euch zeigen! Um eine tiefe, verwurzelte Bindung zur Welt zu erleben, brauchen wir, davon bin ich überzeugt, eine gelassene, lustvolle Beziehung zur Langeweile. Die Welt ist so inspirierend und die Begegnung mit uns selbst kann so unerhört bereichernd sein, dass es viel zu schade ist, sich andauernd davon ablenken zu lassen.

Vor vielen Jahren, ich glaube, es war in Köln, habe ich ein wirklich treffend formuliertes Graffiti gesehen. »Wie schnell, dass nichts passiert«, stand an einer Wand. Dem unbekannten Verfasser dieses wahren Leid-Spruchs unserer Zeit gebührt höchster Respekt. So pointiert und humorvoll hat

meines Wissens noch niemand das Wesen des großen Schopenhauer'schen Dilemmas formuliert. Es reicht, wenn an der
Supermarktkasse der Kunde vor mir mit passendem Klein-
geld zahlen will und seelenruhig in seinem Portemonnaie
nach den entsprechenden Münzen sucht. Real dauert das
nicht einmal eine Minute, gefühlt sind es für viele Menschen
nutzlose Stunden des Wartens. Ich mache mir inzwischen
gern einmal einen Spaß daraus und lasse mit den Worten
»Ich habe viel Zeit« gleich mehrere hinter mir Wartende vor.
Zu meiner großen Freude entstehen daraus ab und zu sehr
lustige Gespräche und eine angenehme Stimmung. Nicht
zuletzt diese Situationen haben mich einmal dazu inspiriert, ein Verkehrsproblem kurzerhand umzudeuten. Durch
meinen Wohnort führt eine gut frequentierte Bahnlinie, auf
der viele Regionallinien, vereinzelt auch ein ICE, vor allem
aber unzählige Güterzüge fahren. Dementsprechend oft sind
die Schranken des in die Stadt führenden Bahnübergangs
geschlossen. Im Schnitt – ich habe einige Male auf die Uhr
geschaut, um das mit Fakten zu untermauern – wartet man
drei Minuten, bis sich die Schranken wieder öffnen. Ich finde,
das ist ein Zeitraum, den man aushalten kann. Zugegebenermaßen war aber auch ich schon oft genervt von der Zwangs-
pause. Eines Tages aber fragte ich mich, weshalb ich mich
ärgere. Schließlich profitiere ich regelmäßig davon, dass die
Zugverbindungen in die beiden nächsten Großstädte so gut
sind. Es lag, so meine Schlussfolgerung, nur an meiner Sicht
der Dinge. Und so fertigte ich ein Schild an, auf dem die
einfache Frage stand: »3 Minuten ärgern oder lächeln?« Mit

diesem Schild gewappnet sind eines Tages zwei Clowns bei geschlossenen Schranken von Auto zu Auto gegangen und haben Pappnasen verteilt. Fast alle Wartenden entschieden sich für die zweite Option und nahmen die Zwangsentschleunigung als Geschenk einer netten Pause kurz vor dem Nachhausekommen an. Der Gedanke, dass so viele Menschen es doch noch aushalten, für drei Minuten den Motor auszuschalten und einfach nur dazusitzen, erweckte in mir große Hoffnungen. Noch ist nicht alles verloren. Drei Minuten Leerlauf können eine schöne Übung auf dem Weg zum Lange-verweilen-Können sein.

Im Fundus des Vereins zur Verzögerung der Zeit haben wir eine ähnlich nette Aktionsidee. Wie so viele ist sie dem kreativen Geist unseres Schweizer Landesvertreters Mark Riklin entsprungen. Die Intervention benötigt nur ein Minimum an Vorbereitung, nämlich die Anfertigung eines Schildes, auf dem folgende Worte stehen: »Haben Sie heute schon NICHTS gemacht?« Mit diesem Schild setzt man sich an einen gut frequentierten Ort. Eine Bushaltestelle mit Sitzbank eignet sich besonders gut dafür. Und dann heißt es warten! Was natürlich als Einladung zum Gespräch gemeint ist, wird von den Vorbeieilenden meist mit verstörten Blicken beantwortet. Ich kann mir gut vorstellen, dass einige Passanten kurz davor sind, ihr Handy zu zücken und die nächste psychiatrische Klinik anzurufen, damit die den Verrückten von der Haltestelle abholen. Manchmal, das sind dann schöne Momente, wird einem ein Lächeln geschenkt. Mit etwas Glück und

Geduld gesellt sich eine Passantin oder ein Passant zu Ihnen und beginnt ein Gespräch mit Ihnen. Das ist dann wie Weihnachten. Wahrscheinlich gerade aufgrund ihres Minimalismus gehört diese Aktion zu meinen absoluten Lieblingen. Es ist noch nicht einmal eine offene Frage, die auf dem Plakat gestellt wird. Doch obwohl sie sich mit einem einfachen Ja oder Nein beantworten ließe, bringt diese Frage doch eine ganze Welt durcheinander. Wahrscheinlich kennen sie die Redensart, dass ein Tag ohne Lachen ein verlorener Tag sei. Ich möchte ergänzen, dass ein Tag ohne ein mehr oder minder langes Verweilen ein befremdlicher Tag ist.

Wie faszinierend das Nichts sein kann, erlebten wir auf einem unserer Symposien. Zwei junge Philosophen boten einen Workshop mit dem Titel »Nichts« an. Obwohl es interessante Alternativen gab, wollten fast alle Anwesenden genau an diesem geheimnisvollen Workshop teilnehmen. Als sie in den Seminarraum kamen, passierte das Angekündigte: nichts. Irgendwann wurden selbst einige Zeitverzögerer unruhig und fragten die beiden Philosophen, was denn jetzt passiere. Kurz und trocken antwortete einer von ihnen: »Nichts.« Die darauf eintretende Stille führte bei einigen zu so großer Anspannung, dass sie den Raum verließen. Ein Teilnehmer hielt das gemeinsame Schweigen nicht länger aus und machte sich selbst zum Moderator der Runde. In der folgenden Diskussion über das Nichts hielten sich die beiden jungen Philosophen schweigend und in die Beobachtung vertieft zurück. Später berichteten sie, dass es schon sonderbar sei, wie schwer es fällt, einfach einmal nichts zu tun. Das gemeinsame Nichtstun hatte den Schwierigkeitsgrad noch erhöht. Ich vermute, dass ein Grund dafür die fehlende Gegenwärtigkeit ist. Anstatt sich auf das Nichts einzulassen, warten wir darauf, dass etwas passiert. Wir richten unsere Aufmerksamkeit auf die Zukunft. Wann bricht endlich jemand die Stille des Schweigens? Wann geht endlich die Schranke hoch? Wann ist meine Bahn endlich am Bestimmungsort? Wann passiert endlich etwas? Je länger das Warten dauert, desto ungeduldiger werden wir. Besonders hilflos fühlen wir uns, wenn wir die Beendigung des Zustands nicht beschleunigen können. Dann zieht sich die Zeit ins Unerträgliche.

Es ist wahrscheinlich eine gute Einstiegsübung, dem Brot beim Gären zuzuschauen, um die Last der Langeweile loszuwerden und Lust am lange Verweilen zu empfinden. Ich habe schon darüber nachgedacht, die Schwierigkeit der Übung zu erhöhen und das Gras beim Wachsen zu beobachten. Vielleicht entdecke ich dabei ja noch etwas in mir, das mir bislang verborgen blieb.

*Fern sehen
statt fernsehen*

Der lustigste Fernsehapparat meines Lebens begleitete mich durch die Studienzeit, als meine Kinder zur Welt kamen. Das Geld war ausgesprochen knapp, weshalb es – im Rückblick glücklicherweise – für kein echtes Gerät reichte. Stattdessen besorgten wir uns einen großen ausgemusterten Verpackungskarton, in den wir ein großes Loch schnitten, mit einem fetten schwarzen Filzstift ein paar Knöpfe aufmalten und dann unser eigenes Programm gestalteten. Mal gab es Comedy, mal Slapstick und ab und zu eine schöne Geschichte oder ganz persönliche Nachrichten. Immer live. Immer in Farbe.

Wer Faulheit richtig üben will, sollte den Fernseher aus dem Haus verbannen. Hartnäckig hält sich das Vorurteil, man sei faul, wenn man die Füße hochlegt und sich von der Mattscheibe berieseln lässt. Dem widerspreche ich entschieden. Wahre Faulheit zeichnet sich dadurch aus, dass man nichts tut. Und ich meine wirklich nichts, außer vielleicht die Gedanken schweifen zu lassen und tagzuträumen. Nicht zu arbeiten ist nur die eine Hälfte der Faulheit. Die andere ist, auch nicht zu konsumieren. Es ist ein ausgesprochen trügerischer Glaube, dass die erwerbsarbeitsfreie Zeit, die mit dem Konsumieren von Waren, und dazu gehören die Fernsehprogramme, verbracht wird, wirklich freie Zeit sei. Jedes Mal, wenn wir etwas kaufen, tragen wir dazu bei, dass die Maschinerie des Überflusses am Laufen gehalten wird. Selbst der Lebensmitteleinkauf ist zu einer bisweilen unerträglichen Strapaze geworden – zumindest in den großen

Supermärkten. Da gibt es sogar von jeder Unterart eines Produktes unzählige Varianten verschiedenster Hersteller. Jedes Einzelne versucht, uns zu versprechen, dass es das beste, besonderste, wohlschmeckenste oder billigste seiner Art sei. Ich bin zwar ein leidenschaftlicher Anhänger der Vielfalt, aber ein Blick in die vollgefüllten Regale zeigt mir meist nur ein Mehr desselben. Und oft genug bleibt nach einem Blick auf die Zutatenlisten kein einziges wirklich überzeugendes Produkt mehr übrig. Die Augsburger Künstlerin Juliane Stiegele hat ein radikales Konzept für einen Supermarkt ersonnen. Sie nennt es »nur1«, weil in jeder Kategorie nur ein Produkt angeboten wird. Nur eine Zahncreme, nur eine Sorte Klopapier, nur eine Erdbeermarmelade, nur ein Joghurt – sorgfältig ausgewählt, von guter Qualität und in einer einfachen, sehr ästhetischen Verpackung präsentiert. Sollte sich eine mutige Unternehmerin finden, die diese Idee der Künstlerin praktisch umzusetzen wagt, wäre ich einer der ersten Kunden. Vielleicht würde mir das Einkaufen dann auch wieder Spaß machen. Beim Fernsehen, um an den Ausgangspunkt zurückzukommen, ist es mindestens genauso übel wie im Supermarkt. Auf immer mehr Sendern läuft immer mehr vom Immergleichen. Mit am erfolgreichsten sind solche Formate, die besonders respektlos mit der Würde des Menschen umgehen, indem sie beispielsweise vorwiegend jungen Zuschauerinnen völlig abwegige Schönheitsideale vermitteln, ihren Protagonisten vor einem Millionenpublikum ekelhafte *challenges* zumuten, nach Aufmerksamkeit heischende Zeitgenossen öffentlich lächerlich machen oder über absolut belanglose Angelegenheiten sogenannter Prominenter tratschen. Einer meiner besten Freunde hat lange in der Medienbranche gearbeitet und ist froh, sich vor ein paar Jahren mit seiner von ihm lang ersehnten Pensionierung aus dem Geschäft zurückgezogen zu haben. Er hat eine ausgesprochen schlüssige Beschreibung für das gefunden, was Quote bringt und deshalb auch das Nachrichtengeschäft dominiert: Je extremer eine Geschichte oder ein Vorfall aus dem normalen Leben hervorsticht – oder als hervorstechend aufbereitet wird –, desto wahrscheinlicher ist es, dass sie auch gebracht wird. Das hat umgekehrt zur Folge, dass die Normalität immer mehr ausgeblendet wird. Gezeigt werden zunehmend die Ausschläge nach oben oder nach unten. Wir suchen »Superstars«, »Topmodels« und »Dschungelkönige«. Wir sehen zu, wie Menschen Millionäre werden wollen, wie sie laufend neue Rekorde aufstellen oder mit den besten Geschäftsideen die abgebrühtesten Investoren überzeugen. Auf der anderen Seite regen wir uns fürchterlich über Skandale auf, geifern nach Nachrichten von möglichst schrecklichen Ereignissen und Katastrophen, die wir oft am nächsten Tag schon wieder vergessen haben, lassen uns von Schreckensmeldungen Angst einjagen und verlieren in der medialen Welt der Superlative nicht nur unser Mitgefühl, sondern auch unsere Aufmerksamkeit für die leisen Töne und unser Verständnis für komplexe Zusammenhänge. Durchaus gibt es dieses triste Fernsehbild und den Geist der Zuschauerinnen und Zuschauer erhellende Lichtblicke in Form sorgfältig recherchierter und verständlich umgesetzter Dokumentationen. Es gibt hier und da wunderbar erzählte Geschichten mit beeindruckender Kameraführung und überzeugendem Schauspiel. Und es gibt tatsächlich wirklich humorvolle und anregende Sendungen, aufrichtig um Fakten bemühte Nachrichten und inspirierende Diskurse, die den Anspruch haben, einen echten Beitrag für unsere Gesellschaft und unsere Kultur zu leisten. Im Großen und Ganzen ist das Fernsehen aber eine der dumpfesten Arten des Konsums geworden. Wenn bei vielen - ich vermute, bei den meisten - Menschen die erste Assoziation zum Faulsein neben dem gemütlichen Liegen in einer Hängematte das Abhängen vor dem Fernseher ist, wundere ich mich nicht, dass Faulheit ein so mieses Image hat.

Gegen die Hängematte habe ich nichts. Im Gegenteil. Sie gehörte schon beim Einzug in die erste eigene Wohnung im Alter von 16 Jahren neben einer Zahnbürste, ein paar Handtüchern, etwas Geschirr, einer Stereoanlage und einer Gitarre zu meiner spärlichen Grundausstattung. Und in ihr habe ich als junger Vater wundervolle Stunden mit meiner ersten Tochter auf dem Bauch verbracht. Das sanfte Schaukeln hat uns stets friedlich gestimmt. Viel mehr brauchten wir nicht. Das Fernsehen hingegen hat den Ruf der Faulheit grundlegend ramponiert. Es ist mittlerweile das Sinnbild für Dummheit, fehlendes Interesse an sich selbst und der Welt sowie neben dem Alkohol die führende Beruhigungsdroge. Doch während Alkohol von unserem Körper auch nach übermäßigem Genuss wieder abgebaut wird, sammeln sich die Bilder von der Mattscheibe beständig in unserem Gehirn an, verfestigen sich dort und prägen unsere Sicht auf die Welt und auf uns selbst, bis wir irgendwann daran glauben, dass nur so ein Leben gut sei, bei dem man unablässig unter Strom steht, keiner Stille und Ruhe bedarf und ständig abgelenkt und zerstreut wird. Wie oft gaukelt uns der Fernseher vor, dass er uns einen Blick in die weite Welt erlaubt – und präsentiert uns dann Bilder, Phrasen und Geschichten, die mit uns selbst nichts mehr gemein haben, sondern uns lediglich von uns selbst entfremden und abstumpfen lassen? Und für diese Konsumarbeit zahlen wir auch noch. Die Gebühren zur Ermöglichung eines öffentlich-rechtlichen Programms halte ich persönlich für sinnvoll, weil mit ihnen zumindest noch ein wertvoller Journalismus und auch ein Stück Filmkultur ermöglicht werden. Viel zu teuer ist mir aber die Zeit, die uns von Beeinflussungsversuchen der Werbung geraubt wird und die wir mit jeder geglückten Manipulation bei der Befriedigung eines durch sie erst hervorgerufenen Bedürfnisses auch mit Geld bezahlen. Da faulenze ich lieber, als dass ich mich berieseln lasse.

Es gibt eine sehr wirkungsvolle Abschalthilfe, die etwas mit Besuch zu tun hat. Wer mich gut kennt, weiß, dass ich gern Gäste habe. Mein Haus hat sprichwörtlich offene Türen. Zu Zeiten, als die Kinder noch darin wohnten, waren sie nicht nur sprichwörtlich offen. Das Haus am Teich hatte sogar einen Spitznamen: der Taubenschlag. Irgendjemand ist wahrscheinlich darauf gekommen, weil es in einem zarten Taubenblau gestrichen ist. Der Name ist allerdings deshalb so treffend, weil kaum ein Tag verging, an dem dort nicht Horden von Jugendlichen ein- und ausgingen. Dieser Tatbestand veranlasste mich dazu, das Haus in zwei Bereiche einzuteilen, einen öffentlichen und einen privaten. Der mit wilden Graffitis und Plakaten verzierte Keller wurde dank Kickertisch, Dartscheibe und Beschallungsanlage zur örtlichen Partyzone. Die kleine Küche war immer voll besetzt, der Kühlschrank stets geplündert. Es gab zwei Wohnzimmer – eines für die Kinder, das andere für die Erwachsenen. Nach langer Zeit ohne Glotze stellte ich mir dort einen Fernseher auf. Um ihn nicht allzu oft an- und vor allem rechtzeitig wieder auszuschalten, stellte ich mir die auf dem Bildschirm auftretenden Menschen als Besucher vor. Nicht als solche, die meine Kinder ins Haus gelassen haben, sondern als Gäste, die ich eigenen Willens und Wunsches zu mir in mein sonst als Rückzugsraum genutztes Wohnzimmer lade. Wer sich da so alles in die beinahe intime Zone meines Lebens einschleichen wollte und will, erlebe ich immer wieder mit Schrecken. Neben untertalentierten Mimen in furchtbar tristen, entweder hanebüchen konstruierten oder ideenlos vorhersagbaren und von einer grottigen Kameraführung abgefilmten Geschichten verwunderte mich besonders, wer auf dem Weg über eine der vielen Talkshows versuchte, sich Einlass in mein Allerheiligstes zu verschaffen. Inzwischen habe ich eine souveräne Routine entwickelt, wen davon ich mit einem Druck auf den roten Knopf der Fernbedienung sofort und umstandslos wieder hinauswerfe. Diese Personen sollen es sich erst gar nicht bei mir gemütlich machen. Bei Rassisten und Nationalisten geht es am schnellsten. Auch sonstige Angstmacher und Überhebliche müssen sich ganz schnell aus meinem Wohnzimmer verziehen. Gesellt sich eine Gruppe ständig respektlos den anderen ins Wort Fallender und durcheinander Redender an meinen Couchtisch, bitte ich sie höflich, aber bestimmt, meine vier Wände zu verlassen. Lügner erhalten einen Platzverweis. Je dreister sie die Unwahrheit sagen, desto länger gilt dieser. Egozentrikern, kommerziellen Selbstvermarktern und Dummschwätzern helfe ich noch in ihre Mäntel und bin froh, meine Tür hinter ihnen zu schließen.

Durch dieses Auswahlprinzip reduzieren sich die Fernbesucher auf die wenigen, die übrig bleiben und denen ich einen Platz auf meinem Sofa anbiete. Intelligente, humorvolle Kabarettistinnen gehören dazu. Gute Schauspieler in ergreifenden oder unterhaltsamen Geschichten ebenso. Menschen, die sich engagiert und wachen Geistes für etwas Sinnvolles einsetzen. Gern auch eine ganze Band oder ein Orchester, die mir mit guter Musik Freude bereiten. Das ist allerdings eher selten der Fall, weil fast nur gesendet wird, was auch Quote, das heißt Kasse macht. Ansonsten unterhalte ich mich lieber mit meinen Freundinnen und Freunden, anstatt unterhalten zu werden. Am liebsten übrigens mit meiner Liebsten. Oder ich halte meinen Mund – und meine Liebste im Arm.

Bücher zu lesen ist eine weitere Alternative zum Fernsehen und auch zum Zeitunglesen. Das gilt insbesondere für Dinge, die mich wirklich interessieren. Ein wesentlicher Wert einer Nachricht ist - so habe ich es gelernt - deren Aktualität. Mit zunehmender Vernetzung und Digitalisierung hat der Wettlauf um die Aktualität abenteuerliche Züge angenommen. Seitdem wir nicht mehr auf reitende Boten mit ihren Depeschen angewiesen sind, sondern jede und jeder aus fast allen Winkeln der Erde Informationen in sogenannter Echtzeit um den Globus jagen kann, scheinen sich die Ereignisse zu überschlagen. Geht es um einen Krieg, eine drohende Naturkatastrophe oder wirtschaftlichen Wettbewerb kann ich deutliche Vorteile darin sehen, etwas möglichst ohne Verzögerung zu erfahren. Was ich allerdings davon haben soll, unmittelbar zu erfahren, dass irgendwo ein Anschlag verübt worden oder ein Flugzeug abgestürzt ist, eine politische Entscheidung getroffen oder wie eine Wahl ausgegangen ist, bleibt mir schleierhaft. Vieles davon betrifft mich nicht einmal indirekt, zumindestens nicht, wenn es mir so oberflächlich, wie es meist der Fall ist, präsentiert wird. Und was mich letztlich doch betrifft, sei es direkt oder indirekt, hat meist eine längere Halbwertszeit als dessen Präsenz in den Nachrichten und Schlagzeilen. Um die Zusammenhänge und teilweise recht komplexen Sachverhalte zu verstehen, um aus der reinen Betroffenheit zu einer Haltung oder gar einem Engagement für oder gegen etwas zu kommen, brauche ich nicht Aktualität, sondern tiefes Verständnis. Worauf wir alle wahrscheinlich verzichten können, sind die absonderlichen Nicht-Nachrichten, bei denen die befragten TV-Korrespondenten lediglich darüber spekulieren, was passieren könnte, weil eben noch nichts passiert ist. Außer der visuellen Botschaft, dass sie vor Ort sind und warten, sind derlei Zuschaltungen komplett inhalts- und sinnfrei.

Während meines Studiums habe ich selbst einmal als Nachrichtenredakteur bei einem Radiosender gearbeitet. In drei Minuten mussten wir zusammenraffen, was uns am wichtigsten erschien. Wie soll man in drei Minuten komplexe Zusammenhänge verständlich machen? Das ist unmöglich. Es kann nur klappen, die oberflächlich bleibenden Botschaften möglichst klar und verständlich zu formulieren und der Versuchung zu widerstehen, nur das zu bringen, was alle bringen, weil man es angeblich bringen muss. Die Vorauswahl und meist auch die vorab ausgearbeitete Formulierung wird – so die Hoffnung – die Nachrichtenagentur schon gewissenhaft vorgenommen haben. Dass die dort arbeitenden Menschen unter dem meist herrschenden Hochdruck auch auf Begriffsprägungsversuche der Politik und diverser Lobbyisten hereinfallen können, blendet man allzu gern aus. Wenn wir aber von allem nur die Schlagzeilen kennen, wird es fast unmöglich zu wissen, was wirklich passiert, was und wie sich die Welt verändert und wie die Dinge zusammenhängen. Dafür braucht man nach wie vor viel Zeit, um erhellende Reportagen, Essays oder Bücher guter Autorinnen und Autoren zu lesen. Und man braucht noch mehr Zeit, über das Gelesene nachzudenken und fundierte Schlüsse zu ziehen.

Statt sich von jeder Sau, die über die Mattscheiben und Titel-seiten getrieben wird, mitreißen zu lassen, halte ich es für angemessener, sich im Nachrichtenkonsum zu zügeln und sich intensiver um die Verdauung der uns wirklich wichtigen Informationen zu kümmern.

Im vergangenen Jahr habe ich mir einen Traum erfüllt. Ich habe mir einen Fernseher mit 90-Zoll-Bildschirmdiagonale zugelegt. Er hat neben seiner Größe weitere Spitzenwerte vorzuweisen. Während die modernen OLED-Bildschirme bei einer Farbtiefe von 12 Bit, also etwa 69 Milliarden Farben, an ihre Grenzen kommen, arbeitet mein Gerät mit der strom-losen Solarlux-Technik im Vollfarbmodus. Er funktioniert auch bei Stromausfall zuverlässig. Er braucht weder eine Fernbedienung noch eine Antenne, eine Satellitenschüssel, einen Kabelanschluss oder eine Internetverbindung. Der Fernseher läuft rund um die Uhr. Das Programm ist so groß-artig, dass man nicht mehr als eins braucht. Wetterfest ist das Gerät auch noch, sodass ich im Freien schauen kann. Mein neuer Fernseher ist geschickt in den mit ihm erweiterten Balkon integriert. Er ist die fensterlose Öffnung des Balkons. Zwischen Hausmauer und Pfeiler, Brüstung und Dach schaue ich am liebsten fern.

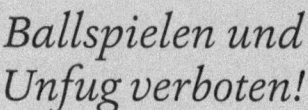

*Ballspielen und
Unfug verboten!*

Nippes ist ein besonders lebendiger Stadtteil von Köln, den ich sehr mag und mit dem mich viel verbindet. Unter anderem hängt dort recht gut versteckt an einer Kirche mein Lieblingsschild. Es handelt sich um einen Verbotshinweis. Generell sind die auf solchen Schildern formulierten Anordnungen, etwas nicht zu tun, geradezu eine Aufforderung dazu, genau das zu tun. Schon als Kind wurde meine Neugierde immer beflügelt, wenn ich etwa eine Baustelle nicht betreten durfte. »Da gibt es bestimmt besonders interessante Dinge, vielleicht sogar ein Geheimnis zu entdecken«, schoss es mir automatisch durch den Kopf. Sonst wäre es ja nicht verboten. Diesem Reiz zu widerstehen ist fast so schwierig wie grundsätzlich öfter einmal wirklich nichts zu tun. Der Text auf dem besagten Schild lautet: »Ballspielen und Unfug verboten!« Die Kombination der beiden Tabus ist eine semantische Meisterleistung, auf die man erst einmal kommen muss. Das unbekümmerte kindliche Spiel mit dem runden Leder leitet den Gedanken unterschwellig ein, führt die Betrachtenden auf eine falsche Fährte, um dann mit voller Wucht die Machtfrage ein für alle mal mit einem Wort zu klären, das in seinem Aussagegehalt kaum zu übertreffen ist: Unfug. Diesen Ausdruck einfach mit der geläufigen Übersetzung als »Quatsch« abzutun, wäre eindimensional und oberflächlich. Es geht um wesentlich mehr, nämlich ums Eingemachte. Die Essenz des Unfugs ist, sich nicht zu fügen, sich dem herrschenden Gebot nicht unhinterfragt unterzuordnen, darüber nachzudenken, ob die aufgestellten Gesetze sinnvoll und zielführend sind. Ohne die Unfügbarkeit würde sich auf dieser Welt nie etwas ändern, alles wäre wie in Stein gemeißelt - Statik statt Geschichte. Das Unfügbare ist - behaupte ich einfach einmal frech - konstitutiv für demokratische Gesellschaften. Nur wer darüber nachdenkt, sich eine Haltung aneignet und diese im Diskurs der Ideen und Meinungen einbringt, leistet einen Beitrag für die Entwicklung unseres Zusammenlebens. Ohne ungebrochenen Geist wäre die Welt noch eine Scheibe, würden Utopien im Keim erstickt. Auf ewig wäre festgelegt, wer die Macht hat und bestimmt, wie wir leben - und wer ohnmächtig ist und die Regeln auch gegen seine eigenen Bedürfnisse und Interessen zu befolgen hat. Angesichts dieses Gedankens ist eine Kirche doch ein passender Ort für ein Unfugverbotsschild. Heute würde es zwar noch besser an ein Bankgebäude passen, aber die Tiefgründigkeit der Aussage würde vielen Betrachtern so oder so entgehen.

Neben meinem Faible für alte, weitgehend aus der Mode gekommene Wörter brachten mich diese Gedanken dazu, das Wort »Unfug« in meinem Sprachschatz zu reanimieren und ihm dort ein besonders feines Plätzchen einzurichten, an dem es gute Bedingungen vorfindet, um möglichst süße Früchte ausbilden zu können. Wenn die Menschen in unserer Gesellschaft so sehr vom Tempo verblendet sind - so meine Überlegung -, wird man sie nicht freiwillig zum Nichtstun bewegen können. Diese Wirkungskraft sind Krankheit, Burnout oder in letzter Konsequenz dem Tod vorbehalten. Wenn sie sich also nicht überzeugen lassen, so bleibt nur, sie zu verwirren. Und Unfug ist das Mittel der Wahl, etwas aus der Ordnung zu bringen. Wohldosiert und fein abgestimmt ist intelligenter Unfug dazu geeignet, den Trott zu unterbrechen und auch eilend Trottelnde einzuladen, ihre Perspektive zumindest für einen Moment zu verschieben. Deshalb ist neben dem Müßiggang und allen Formen der Liebe der mit einer Prise Humor gewürzte Unfug für mich zu einer Tätigkeit geworden, die mir außerordentlichen Genuss bereitet. In unserem Verein zur Verzögerung der Zeit haben wir für diese Art von Unterbrechungen einen eigenen Namen ersonnen, der inzwischen zu einer Art Markenzeichen geworden ist: die »Paradoxe Intervention im öffentlichen Raum«. Derartige Aktionen sind Eingriffe ins öffentliche Treiben, die mit festgefahrenen Denkweisen und Routinen spielen, indem das Gegenteil von dem passiert, was die Menschen erwarten. Ein echter Klassiker sind diverse Erscheinungsformen der Aufforderung »Bitte beeilen Sie sich!«. Die erste wurde schon lange vor meiner Zeit im Verein umgesetzt und hat es in ein Lehrbuch mit dem Titel *Deutsch für Ausländer* geschafft. Quasi als Beweis dafür, dass die Deutschen durchaus auch eine Vorstellung von Ironie haben und nicht – wie landläufig in den meisten Teilen der Welt angenommen – völlig humorbefreit sind, wurden ein Foto der Aktion und ein erläuternder Text abgedruckt. Darauf zu sehen war ein riesiges Transparent, das am Geländer einer Brücke über die schon damals fast durchgehend mit Kraftfahrzeugen in allen möglichen Größen verstopfte Autobahn zwischen München und Nürnberg hing. Darunter: die Blechkolonnen auf der A9 im Stillstand.

Im Stau dazu aufgefordert zu werden, sich zu beeilen, ist wunderbar verwirrend. Schneller stauen - das ist fast so schön wie der von dem Philosophen Paul Virilio geprägte Begriff des »rasenden Stillstands«. Auch die an einem Adventssamstag in der Münchener Innenstadt umherlaufenden Plakatträger haben mit derselben Botschaft wie über der A9 verwirrende Wirkung erzielt. Und mit diversen kleinen Aufklebern, auf denen neben der Aufforderung »Bitte beeilen Sie sich!« entsprechende Symbole zu sehen sind, lassen sich befremdliche Augenblicke hervorrufen. Als zusätzliches Schild, an einer Toilettentür, an einem im Freien aufgestellten Aschenbecher oder an einem Bett angebracht, führen sie eindringlich vor Augen, wie absurd es an manchen Orten ist, dem Gebot der Hast zu folgen. An der Tür eines Schnellrestaurants würde so ein Hinweis wahrscheinlich niemandem auffallen. Der schnelle Genuss als realer Irrwitz - so weit sind wir schon.

Wie wenig uns bewusst ist, wie und wovon wir uns antreiben lassen, haben wir bei einer Aktion auf der Fraueninsel im Chiemsee erfahren. An einem dieser bezaubernden Frühherbsttage mit angenehmsten Temperaturen und goldenem Licht fingen wir die scharenweise herangeschifften Tagesgäste direkt am Fähranleger ab. Auf einem aufgestellten Flipchart proklamierten wir den 13. Internationalen Tag des Fotofastens. Wir fanden es trickreich, nicht von einer Premiere zu sprechen, sondern so zu tun, als hätte sich dieser ausgefallene Thementag bereits erfolgreich etabliert, und forderten alle Touristen dazu auf, pro Kamera bitte nur ein

Foto vom Ausflug zu machen. Erstaunlich viele der von uns Angesprochenen winkten nicht gleich ab, sondern ließen sich auf das Experiment ein. Das betörend gute Wetter hatte erfreulich vorentschleunigt und die Gemüter der Ausflügler wohlwollend gestimmt. Was mich richtig begeisterte, waren einzelne Rückmeldungen nach erfolgtem Rundgang und befolgter Aufforderung. Als stünde er gerade vor mir, erinnere ich mich an einen Herrn, der mir unbedingt berichten wollte, was er an diesem Nachmittag erlebt hatte und was er sich an den folgenden Tagen ersparen würde. Das Glück sprudelte förmlich aus ihm heraus. Da er seine Kamera - die eine Aufnahme ausgenommen - einfach über seiner Schulter hängen gelassen und nicht benutzt habe, hätten sich ihm ganz neue Anblicke und Eindrücke vermittelt. Die kleine Insel habe ihn in ihrer Schönheit so intensiv berührt wie lange schon nichts mehr. Gemütlich auf einer der Parkbänke sitzend habe er einfach nur geschaut. Die unmittelbar mit den Augen aufgenommenen Bilder hätten ihren Weg so in sein Herz gefunden, wie es kein mittelbares Medium je schaffen könnte. Und er müsste sich zu Hause auch nicht die zeitaufwendige Arbeit des Archivierens machen und sich mit der Auswahl quälen, welche seiner sonst sicherlich mehreren Hundert Aufnahmen er löschen und welche er für sich und die Nachwelt aufbewahren würde. Sehr überzeugend versicherte mir mein Gesprächspartner, dass er sich jetzt schon auf die so frei gewordenen Stunden freue. Sein digitales Bildarchiv sei ohnehin schon so umfangreich, dass es schier unmöglich sei, es jemals genussvoll anzuschauen.

Es muss sich ähnlich angefühlt haben wie an dem Tag, als mir die Festplatte, auf der ich meine Fotos archiviert hatte, abgeraucht ist. Nach dem ersten Schock – alles weg! – stellte sich langsam ein herrlich befreiendes Gefühl ein, das mich dazu bewegte, das Teil nicht zu einem Spezialisten zu bringen, um die Daten rekonstruieren zu lassen. Ich habe das Gerät einfach entsorgt und hole seitdem nur noch ausgesprochen selten meine Kamera aus dem Fotorucksack, der im Urlaub ohnehin meistens zu Hause bleibt. Notfalls gibt es ja noch Ansichtskarten, die von Profis aufgenommene Bilder zeigen. Ab und zu ist sogar eine dabei, die ohne Kitsch und überzogene Bildbearbeitungseffekte meinen persönlichen Eindrücken recht nahekommt und mich anspricht. Persönlich setze ich inzwischen auf die mehr als ausgereifte analog-virtuelle Bildbearbeitung im Kopf. Der in unser Gehirn integrierte Verklärungsfilter blendet in manchmal Jahrzehnte dauernder Zeitlupe unschöne Details in unseren Erinnerungen an fröhliche Vorkommnisse oder romantische Momente aus. Er zeichnet Anmutiges fast unbemerkt noch weicher, schärft Klares bis zur Brillanz und löscht zuverlässig das Unbedeutende. Mit jeder persönlichen Erfahrung, die sich auf unsere von der Natur gratis mitgegebene Festplatte schreibt, ändern sich die Bilder und bleiben auf diese Weise lebendig, weil sie sich immer wieder in Beziehung zu unserem Leben im Hier und Jetzt verhalten. Ich bezweifle, dass technische Geräte dazu je in der Lage sein werden. Und ich bin froh darüber, dass meine Identität nicht von Maschinen abhängt, die im Prinzip nur zwischen Nullen und Einsen unterscheiden können. Wenn es um Widersprüche, Grauzonen und Unschärfen geht, die das Leben so unberechenbar und damit faszinierend machen, traue ich den digitalen Rechnern nicht einen Millimeter über den Weg. Vielleicht hat der Herr von der Fraueninsel, weil er ganz erleichtert war, nun keinen Anlass zu haben, noch viele Stunden in die digitale Aufbereitung des Ausflugstags zu investieren, sich ja sogar darauf eingelassen, diese Zeit mit Nichtstun zu verbringen. Zugetraut habe ich ihm das.

Für all diejenigen, die fürs Nichtstun keine Zeit haben, hatten wir uns etwas Besonderes ausgedacht. Als Veranstaltungsort fiel unsere Wahl auf die Stadt Deutschlands, die nie schläft, in der rund um die Uhr unendlich viel los ist und die mich immer wieder mit ihrem hohen Tempo überrascht: Berlin. Mit einem Biertisch, einem Plakataufsteller und einem Stapel von Bestellzetteln riefen wir am Marheinekeplatz in Kreuzberg den Internationalen Tag des Zeitgewinns aus. Die Grundidee der Aktion war, den gestressten Hauptstädtern als entgeltpflichtige Dienstleistung unnütze Tätigkeiten und Untätigkeiten abzunehmen, die gemeinhin unter die Kategorie des Zeitverplemperns fallen. Auf diese Weise würden sie Zeit sparen, die sie in zweckmäßige oder dringliche Beschäftigungen investieren könnten. Stellvertretend für sie würden wir beispielsweise ein Buch lesen. Dazu kommen ja nur noch wenige Menschen. Als angemessenen Preis dafür legten wir 3,99 Euro fest. Wer uns mit Tagträumen beauftragte, würde dafür etwas mehr aufbringen müssen, nämlich glatt

5 Euro. Für nur 50 Cent konnte man uns bevollmächtigen, ein gutes Gespräch zu führen – ein echtes Schnäppchen. Unsere Preisgestaltung folgte einer klaren Logik: Je mehr Aktivität eine unserer Dienstleistungen mit sich brachte, desto günstiger war sie. Je beschaulicher sie wurde, desto tiefer müssten die Kundinnen und Kunden in ihre Taschen greifen. Wollte man etwa an uns delegieren, auf einer Bank zu sitzen, kostete das 9,99 Euro. Für einen Cent mehr würden wir sogar stellvertretend für unsere Auftraggeber innehalten. Wir haben uns zugetraut, diese Leistung durchaus kompetent durchzuführen. Für jemanden endlich einmal auszuschlafen, würde nur 14,99 Euro kosten. Diesen Auftrag hätte ich leidenschaftlich gern übernommen. Die teuerste Dienstleistung auf unserem Bestellzettel war das Nichtstun, das wir als einziges auf Basis eines Stundenlohns angeboten hatten. Angesichts des hohen Schwierigkeitsgrads legten wir 17,50 Euro pro Stunde als Preis fest. Wir garantierten in unseren Verkaufsgesprächen, dass wir dafür einzigartige Qualitätsstandards aufgestellt hätten und man sich darauf verlassen könnte, dass wir uns hundertprozentig auf diese Untätigkeit fokussierten und wir am Markt das beste Preis-Nichtleistungs-Verhältnis realisiert hätten. Obwohl wir immer wieder auf den Nutzen hingewiesen hatten, den man aus einer Bestellung ziehen könnte, blieb unsere Kasse leer. Von den zahlreich verteilten Bestellzetteln ist auch nie einer an uns zurückgeschickt worden. Ich bin mir allerdings ziemlich sicher, dass in einigen Hundert Berliner Wohnungen und Häusern am Abend jenes Internationalen Tags des

Zeitgewinns viele Gespräche geführt wurden, denen ich gern gelauscht hätte.

Von einer paradoxen Intervention im öffentlichen Raum hatte ich viele Jahre geträumt, bevor ich sie endlich umgesetzt habe. Aus meinem Haus habe ich einen ausgesprochen schönen Blick auf einen im 12. Jahrhundert von Zisterziensermönchen angelegten Teich von stattlicher Größe und den ihn artenreich umsäumenden Baumbestand. Zwischen Haus und Teich liegt ein kleiner, sehr hübscher Parkstreifen, durch den der Wanderweg um den Teich führt. Wenn die Abendsonne ein warmes Licht über diesen Ort legt, sitze ich gern auf einer der Bänke und lasse meine Gedanken schweifen. Manchmal fällt mein Blick auf das Geburtshaus von Matthias Claudius, dem die Stadt anlässlich seines 250. Geburtstags nur wenige Meter neben den Parkbänken ein Denkmal gesetzt hat. Die von dem Bildhauer Jörg Plickat geschaffene Skulptur inspiriert mich neben ihrer Materialbeschaffenheit und Formgebung gerade auch wegen des darauf verewigten Textes des berühmtesten Gedichts von Matthias Claudius. Zu dem Abendlied »Der Mond ist aufgegangen« habe ich insofern eine besonders innige Beziehung, weil es das Lieblingsgedicht meines Vaters war, das er uns oft vorgetragen hat:

»Seht ihr den Mond dort stehen? Er ist nur halb zu sehen und ist doch rund und schön. So sind gar manche Sachen, die wir getrost belachen, weil unsre Augen sie nicht sehn.«

Plickat hat die Poesie dieser Worte sehr stimmig in den Granit gemeißelt, weil die Buchstaben fast unsichtbar sind und man sich je nach Lichtverhältnissen die richtige Position suchen muss, um den Text lesen zu können. Dieser Platz erschien mir ideal geeignet zu sein für ein Experiment, bei dem etwas passiert, was man auf den ersten Blick nicht erwartet.

In unserer Zeit herrscht das Kalkül. Hinter fast allem, was freundlich als Geschenk oder kleine Aufmerksamkeit daherkommt, steckt kühle Berechnung. Unwiderstehliche Sonderangebote sollen uns in Supermärkte locken, damit wir dort unseren Einkaufswagen möglichst prall füllen. Vielversprechende Gewinnspiele wollen uns ermuntern, unsere Adressen und am besten noch persönliche Vorlieben preiszugeben, damit diese Daten gewinnbringend als Ware verschachert werden können. Mit kleinen Geschenken werden wir bestochen, uns auf lange Zeit für ein Abonnement festzulegen. Auch wenn wir immer wieder auf die Tricks hereinfallen, wissen wir doch aus Erfahrung, dass nichts umsonst ist und hinter jeder freundlich angebotenen Gefälligkeit eine Absicht steht. Die einer Sache oder einem Vorgang innewohnende Schönheit wird mit jeder Erfahrung von kalkulierter Absicht so lange getrübt, bis sie irgendwann von einem Panzer aus Berechenbarkeit umgeben und nicht mehr sichtbar ist. Mit einem »Frühstück am Herrenteich« starteten wir den Versuch, diesen harten Kokon für einen Vormittag zu durchbrechen. Da mein Gesicht in der kleinen Stadt recht bekannt ist und dieser Umstand das Überraschungsmoment der Inszenierung hätte zunichtemachen können, heuerte ich aus dem nahen Hamburg eine Studentin und einen Studenten an, die unsere Aktion unerkannt durchführen sollten. Den kleinen Park bestückten wir mit farbenfroh dekorierten Stehtischen, auf denen ofenfrische Bäckerbrötchen, selbst gemachte Marmeladen, wohlschmeckender Käse- und Wurstaufschnitt und frisch gebrühter Kaffee standen. Nicht nur um Müll zu vermeiden, sondern auch um ein Gefühl der Hochwertigkeit zu vermitteln, deckten wir die Tische mit echtem Geschirr und solidem Besteck. Die Aufgabe der beiden Studenten war es, Passantinnen und Passanten an die Tische einzuladen und ihnen mit einem schönen Frühstück einen guten Start in den Tag zu wünschen. Auf die Frage, wer denn der Veranstalter sei, sollten sie mit einem Achselzucken antworten, dass sie das nicht wüssten, weil sie lediglich über einen Zettel am schwarzen Brett der Uni für diesen Job engagiert worden seien. Das Wetter an jenem Septembersonntag des Jahres 2012 hätte besser nicht sein können, und ich machte es mir an meinem Fenster gemütlich. Das Experiment konnte losgehen. In der ersten Stunde haben alle angesprochenen Vorübergehenden in meist mehr als weniger ablehnender Körpersprache die freundliche Einladung entschieden ausgeschlagen. Die Befürchtung, hier über den Frühstückstisch gezogen zu werden, war bei einigen sogar so ausgeprägt, dass sie einen Bogen um den Park machten und die Straßenseite wechselten. Wenn Sie selbst einen Eindruck von dem gewinnen möchten, was ich beobachtet habe, brauchen Sie sich nur einmal in einer beliebigen

Fußgängerzone in die Nähe eines Promotionstandes zu stellen, wo für die Mitgliedschaft in einer wohltätigen Organisation oder einem Umweltschutzverein geworben wird oder meist junge Verkaufsteams mit antrainierten Sprechblasen den Vorübereilenden eine Unterschrift oder eine Spende abzuringen versuchen. Erst als sich ein Paar mittleren Alters, das gerade seine morgendliche Walkingrunde machte, mit einem fröhlichen Lächeln an einen der Tische einladen ließ, war das Eis gebrochen. Immer mehr Menschen gesellten sich dazu, ließen sich verwöhnen und führten, was ich auch aus der Distanz gut erkennen konnte, angeregte Gespräche in heiterer Stimmung, die hervorragend zum blauen Himmel passte. Die war anscheinend so ansteckend, dass selbst eine Gruppe von Ruderern Kurs ans Ufer nahm und mit ihrem Boot am Ponton festmachte, um mit ein paar Tassen Kaffee am Geschehen teilzunehmen. Bereits frühstückende Gäste zückten ihre Handys und luden weitere Familienmitglieder, Nachbarn oder Freunde ein. Am lustigsten fand ich den Mann, der mit seinem Auto an der Szenerie vorbeifuhr, jäh abbremste, sein Seitenfenster herunterkurbelte und in die Runde fragte, was da denn los sei. Von meiner Beobachtungsposition aus konnte ich erkennen, dass er nicht öffentlichkeitstauglich gekleidet war, er hatte wohl noch seine kurze Schlafanzughose an. Er drehte um und kam wenig später mit richtiger Hose - und in Begleitung - wieder. Unseren ursprünglichen Plan, die Tische nach drei Stunden wieder abzubauen, konnten wir angesichts dieses kollektiven Glückszustands nicht umsetzen. Das Frühstück zog sich bis in den Nachmittag hin. Diejenigen, die daran teilgenommen hatten, waren um eine Erfahrung reicher, war ihnen doch ein gemeinsames Frühstück am Herrenteich zu einer wertvollen Freude geworden. Ohne Geld, ohne Kalkül, einfach so. Und nach einer längeren Pause fassten sich einige Mitglieder des sogenannten Runden Tischs der Stadt ein Herz, solche kommerzfreien Anlässe der Begegnung, des Spiels und der guten Gespräche zu einem festen Bestandteil des Stadtlebens zu machen. Einige öffentliche Plätze haben wir so schon erobert. Was für ein Glück! Ich bin schon gespannt, ob sich noch weitere Träumereien in dem Städtchen umsetzen lassen. Eine dauerhafte Innehaltestelle fände ich schön. Das Schild dafür liegt schon in meinem Keller bereit. Ich hatte es als Teil einer Ausstellung über Stadtvisionen für das Technische Museum in Wien anfertigen lassen und nach deren Ende wieder zurückbekommen. Wie der von mir schon lang ersehnte Altzeit-Container aussehen könnte und wo für ihn der geeignete Aufstellort wäre, erörtern wir gerade am besagten Runden Tisch. Wir haben uns schon bei der puren Vorstellung köstlich amüsiert, wie jemand seine gebrauchte Zeit in den Container wirft, wie diese wiederaufbereitet werden könnte und wer sich die recycelte Zeit wofür nehmen würde. Solange wir bei unseren Gedankenspielen nicht in operative Hektik verfallen, wird uns bestimmt ein schöner Unfug einfallen.

Vielleicht sollte ich mich noch einmal auf den Weg nach Köln-Nippes machen, dort mein Lieblingsschild wiederfinden und am Fuß der Kirche ausgiebig nichts tun. Denn das erscheint mir als die Königsdisziplin der Unfügigen. Es könnte dabei sogar passieren, dass mir die ein oder andere neue Idee in den Schoß fällt, mit der sich Menschen aus ihrem Vollgasleben entschleunigen lassen und dabei Appetit auf Muße bekommen.

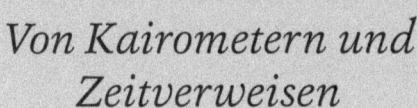

Von Kairometern und
Zeitverweisen

An einem ganz normalen Mittwoch im September 2014 klappte ich mein Laptop auf und rief meine E-Mails ab. Eine fiel mir sofort auf:

>*Lieber Herr Liebmann, ich heiße Klemens Bogdanski und komme aus Bielefeld. In meiner Freizeit habe ich ein Produkt zum Thema ›Zeitlos‹ entwickelt, das ich beim Patentamt habe schützen lassen. Gerne würde ich dazu ein paar Worte mit Ihnen wechseln. Wenn Sie möchten: Wie und wann kann ich Sie telefonisch erreichen?*«

Natürlich mochte ich. Der Mann, offensichtlich ein Erfinder, hatte meine Neugierde geweckt. Acht Tage und ein paar Telefonate später klingelte der Paketbote an meiner Tür und übergab mir eine Sendung aus Bielefeld mit dem für mich auch nach den Telefongesprächen immer noch nicht gelüfteten Geheimnis. Behutsam schnitt ich das Klebeband des Päckchens auf und fand darin eine längliche schwarze Pappschachtel, die ich eindeutig als Verpackung einer Armbanduhr erkannte. Doch was sich darin befand, war nur auf den ersten Blick eine Uhr. An dem runden, flachen Gehäuse zeigte sich zwar ein schlichtes Lederarmband, aber dort, wo sich eigentlich Ziffernblatt und Zeiger hätten befinden müssen, sah ich nur mein eigenes Antlitz. Sorgfältig hatte der Erfinder in das Uhrengehäuse einen Spiegel eingebaut. Sein philosophisches Schmuckstück nannte er »Spiegel der Zeit«. In seinem Begleitbrief betonte er, dass es ihm um das »Hier und Jetzt« gehe, das er als Geschenk wahrnimmt. Diese Nicht-Uhr zog mich sofort in ihren Bann. Ums Handgelenk gelegt entfaltete sie ihre tiefgründige Schönheit. Bei jedem Blick darauf kam statt der Information, was die Stunde schlägt, eine offene Frage, eine Aufforderung zum Innehalten und Reflektieren. Als ich mich einen Monat später mit Klemens Bogdanski auf halber Strecke persönlich in Hannover traf, erfuhr ich die bewegende Geschichte, wie er auf seine Erfindung gekommen war. Sie lag quasi auf der Straße, genauer gesagt auf einem Friedhofsweg. Klemens hatte gerade Abschied von einem Freund genommen, als er nur wenige Schritte vom Grab entfernt eine kaputte Armbanduhr fand. Er nahm sie mit und dachte darüber nach, wie er das Stück zur Erinnerung an seinen Gefährten aufwerten könne. Da kam ihm die Idee mit dem Spiegel. Da Klemens nicht nur mit einer genialen Kreativität gesegnet ist, sondern auch über außergewöhnliche handwerkliche Qualitäten verfügt, gelang es ihm fast mühelos, aus einer Uhr, die so wertlos war, dass sie offenbar von jemandem achtlos weggeworfen worden wurde, ein einzigartiges Kleinod zu machen. Kaum trug er seinen Spiegel der Zeit am Handgelenk, wurde er immer wieder darauf angesprochen. Das Interesse an dem eigentlich als Unikat hergestellten Schmuckstück ging sogar so weit, dass einige Menschen ihn eindringlich baten, auch für sie so ein Kunstwerk anzufertigen. Als er schließlich eines schönen Tages auf dem Titel des Magazins mit dem passenden Namen *Der Spiegel* von der Suche nach einem entschleunigten Leben las und in dem dazugehörigen Artikel »Der Uhr-Mensch« von unserem Verein zur Verzögerung der Zeit erfuhr, war das für ihn ein geradezu zwingender Anlass, mir die eingangs zitierte E-Mail zu schreiben. Der Bielefelder Erfinder wusste nicht, was für einen Volltreffer er bei mir gelandet hatte! Ich selbst hatte schon im Jahr 1999 eine Idee fürs Handgelenk. Nur dass ich sie nicht so konsequent weiterdachte wie Klemens seine zeitlose »Spiegel-Uhr«. Auch ich meldete damals meine Idee als Marke beim Patentamt an: das Kairometer. Als Gegenstück zum antreibenden Chronometer sollte das Gerät ebenfalls nicht die Zeit anzeigen, sondern philosophische Impulse an die Trägerin oder den Träger übermitteln. Die dafür notwendige Technologie steckte zu der Zeit allerdings noch in den Kinderschuhen, sodass die Entwicklungs- und Produktionskosten für ein Kairometer exorbitant hoch gewesen wären. Das ausgefeilte inhaltliche und auch technische Konzept wanderte deshalb – und letztlich auch, weil ich für eine Umsetzung zu faul war – in eine Schublade, die ich des Spaßes halber erst fünfzehn Jahre später wieder öffnete, als ich nicht nur elektronische Post von Klemens Bogdanski bekam, sondern auch ein amerikanischer Computergigant mit angebissenem Obststück als Logo seine Watch ankündigte. Vielleicht hätte ich es zur Jahrtausendwende Klemens gleichtun und eine E-Mail schreiben sollen, nur eben nach Cupertino. Dann hätten die dort arbeitenden Ingenieure statt des heutigen Datensammelmonsters eventuell ein humorvolleres Gerät entwickelt, das einen nicht noch mehr antreibt, sondern zur Besinnung einlädt. Davon allerdings wären wahrscheinlich nicht über 50 Millionen Stück verkauft worden. Messgeräte haben in unserer Gesellschaft einfach eine größere Anziehungskraft und damit einen größeren Markt als philosophischer Schmuck. Für mich zählt ohnehin, dass ich jetzt einen Freund in Bielefeld habe. Freundschaft ist mir persönlich wertvoller als Geld. Und der Purismus seines »Spiegels der Zeit« lässt zumindest ästhetisch jede Smartwatch erblassen.

Gemeinsam haben wir seine Erfindung weiterentwickelt. Der »Spiegel der Zeit« hat den wohlklingenden, geheimnisvollen Namen »mirora« bekommen, eine Hochzeit des englischen Wortes für Spiegel, *mirror,* und des italienischen Wortes für Stunde, *ora.* Freunde der alten Sprachen können gern die lateinischen Wörter *miror* und *hora* zu einer »Verwunderungsstunde« kombinieren – es läuft aufs Gleiche hinaus. Klemens, der Meister der Vereinfachung, baute Prototypen, wir tauschten uns mit Uhrenmanufakturen aus und schmiedeten Realisierungspläne, favorisierten dann aber doch eine weniger kommerzielle, deutlich nachhaltigere Variante, die eine Vielfalt sehr persönlicher miroras entstehen lassen soll, ohne dass dafür viel neues Material verbraucht wird. Irgendwo haben wir doch fast alle eine alte, womöglich sogar defekte Armbanduhr, die uns bestenfalls sogar ein Erinnerungsstück an einen geliebten Menschen ist. Diese ließe sich vom Uhrmacher oder der Goldschmiedin vor Ort durch das Ersetzen von Uhrwerk und Ziffernblatt mit einem auf Maß geschnittenen Spiegel zur mirora umbauen. Mit einem Zertifikat versehen könnte man aus jedem Einzelstück ein

Markenprodukt machen, das auf seiner Rückseite den Namen mirora trägt. Unsere eingetragene Marke würde auf diesem Weg etwas versuchen, was es bislang nur bei digital reproduzierbaren Produkten gibt, nämlich die Vergemeinschaftung eines Markenprodukts, das durch den Markenschutz vor industrieller Besitznahme und Ausbeutung geschützt wird und das lokale Handwerk fördert. »Common Brand« wäre eine treffende Bezeichnung eines solchen Vorgehens. Sollte es irgendwann einmal funktionieren, würde sich sicher auch ein Weg finden, um Klemens' kreative Leistung zu honorieren. Ein entscheidender Vorteil einer solchen losgelassenen Herstellung liegt auf der Hand: Upcycling würde die mirora für uns weitgehend investitions- und arbeitsfrei in die große, weite Welt setzen. Damit wäre das faule, aber produktive Gegenstück zum Unternehmer gefunden: der Überlasser. Vielleicht lässt sich daraus ja sogar ein Berufsbild formen? In einer - heute noch utopischen - Postwachstumsgesellschaft sehe ich sogar Chancen dafür, dass Ideen nicht zentral von großen Konzernen vermarktet, sondern dezentral von kleineren Betrieben umgesetzt werden. Derzeit lassen mich solche Gedankengänge garantiert noch als Spinner erscheinen. Wer weiß, wie das in fünfzehn Jahren aussieht? 1999 hätte mir auch niemand geglaubt, dass heute Millionen Menschen mit absurden Geräten am Handgelenk herumlaufen.

Bereits mit mehreren Tausend Stück im Umlauf - oder genauer gesagt in diversen Portemonnaies, Hosen- und Handtaschen - befindet sich eine andere entschleunigende

Erfindung. Es handelt sich um ein dem Fußballspiel entlehntes Utensil, das dank dessen Bekanntheit jedem geläufig ist, aufgrund seiner Unmissverständlichkeit schnell verstanden wird und wegen seines kompakten Formats praktisch immer bei sich zu tragen ist: die rote Zeitkarte. Das erste Exemplar dieses Zeitverweises, das ich noch mit einem Farbdrucker selbst aufs Papier gebracht und mit einer Schere ausgeschnitten habe, war für eigene therapeutische Zwecke gedacht. Auch mit einer faulen Haut und einem dicken Fell ist man nicht immer davor gefeit, sich vom allgegenwärtigen Tempo mitreißen zu lassen, und verfällt gelegentlich in hektisches Denken oder Treiben. Mit meiner Mitgliedschaft im Verein zur Verzögerung der Zeit wollte ich mich eigentlich davor schützen, denn neben der Entrichtung eines Mitgliedsbeitrags bin ich mit dem Beitritt nur eine einzige Selbstverpflichtung eingegangen, die in Paragraph 2 der Vereinsstatuten wie folgt formuliert ist:

»*Seine Mitglieder verpflichten sich zum Innehalten, zur Aufforderung zum Nachdenken dort, wo blinder Aktivismus und partikulares Interesse Scheinlösungen produzieren.*«

Ich halte diese Pflicht für eine geradezu perfekte Arznei gegen die durch diverse multiresistente Erreger um sich greifende Zeitkrankheit. Allein, sich eine Art Alarmglocke im Kopf vorzustellen, die immer dann läutet, wenn sich Anzeichen von blindem Aktivismus zeigen oder mal wieder irgendjemand nur sein ganz eigenes Ding im Kopf hat und deshalb kräftig aufs Gaspedal tritt, ist Gold wert. Je länger man seine virtuelle Alarmglocke trainiert, desto feinfühliger werden die Sensoren, die sie zum Klingeln bringen. Da der Mechanismus bei eigenen absurden Beschleunigungsmustern genauso gut funktioniert wie bei der Aufdeckung von beruflichen wie privaten Versuchen unserer Mitmenschen, eine zwingende Dringlichkeit vorzutäuschen, erschien es mir recht nützlich, dieser Alarmglocke auch eine dingliche Form außerhalb meiner grauen Zellen zu geben, um bei derartigen Vorkommnissen nicht lange Argumentationsketten aufzufahren, sondern wie ein Schiedsrichter beim Fußball einfach in die Gesäßtasche zu greifen und die rote Karte zu zücken. Das hat bis jetzt immer zuverlässig geklappt. Das Überraschungsmoment nutzend wechseln die entsprechenden Unterhaltungen sofort die eingeschlagene Richtung. Die Eile wird des Platzes verwiesen. In hartnäckigen Fällen zündet man einfach die zweite Stufe und fragt, was für eine Lösung da gerade produziert wird. Das bringt so ziemlich jeden Hektiker aus der Spur. Man kann damit viel unnötigen Aufwand verhindern. Voreilige, nur scheinbar Lösungen produzierende Entscheidungen nerven nicht nur fürchterlich, sondern vernichten auch Unmengen an Ressourcen – übrigens neben wertvoller Zeit auch Geld. Hinter fast allen Scheinlösungen türmt sich ein zunächst nicht wahrgenommener Berg an echten Folgeproblemen auf, mit denen man sich dann herumschlagen muss, anstatt sich auf die wichtigen Dinge zu konzentrieren, zum Beispiel ein sinnvolles Projekt zu realisieren oder eben auch einfach mal seiner Muße nachzugehen und gute Ideen zu entwickeln. Was wäre der Welt alles erspart geblieben, wenn statt blindlings verfolgter Scheinlösungen nach einem Moment des Innehaltens einfach nichts gemacht worden wäre? Vielleicht könnte man die Menschheit vor zukünftigem Unheil bewahren, wenn man vor jeder Entscheidung innehalten und sich ernsthaft fragen würde, ob es sich um eine wirkliche Lösung handelt und ob diese auch wirklich im Interesse aller Beteiligten ist. Wie viel Geld und Nervenzusammenbrüche könnte man sich sparen, wenn in Arbeitsverhältnissen das Innehalten und Reflektieren besser honoriert würde als aktionistische Betriebsamkeit?

Der große Vorteil von Entschleunigungshilfen wie mirora und Zeitverweis ist, dass sie im Gegensatz zu den meisten Formen öffentlichen Unfugs mit keiner Arbeit verbunden sind. Sie sind damit ideal für Menschen, die es ihrer Seele gern in einem flauschigen Faulpelz gemütlich machen. Mir sind derartige Requisiten noch aus einem zweiten Grund sympathisch: Sie unterwandern das herrschende Gesetz der Hast mit einem Augenzwinkern. Wenn überhaupt etwas den Wahn der Geschwindigkeit zersetzen kann, der uns allzu oft in grimmigen Gesichtern, verspannten Körpern und hysterischen Geistern begegnet, dann ist es die subversive Macht eines in sich ruhenden Lächelns. Etwas Humor ist grundsätzlich sehr dienlich dabei, den Tempoirrsinn überhaupt ertragen zu können, ohne selbst verrückt zu werden.

Humor schafft den nötigen Abstand zu den aberwitzigen Ausprägungen eines immer schneller nach immer mehr trachtenden Lebens und entlarvt sinnentleerte Raserei als das, was sie im Grunde ist: lächerlich. Und nebenbei auch noch unfassbar anstrengend.

Ganz ernsthaft haben wir uns im Verein zur Verzögerung der Zeit dazu entschlossen, uns dafür stark zu machen, einen selbstbestimmten Umgang mit der Zeit in den Menschenrechtskatalog aufzunehmen. In angemessener Langsamkeit – wir haben bestimmt mehr als zwei Jahre daran herumgedacht und diskutiert – formulierten wir ein sieben Punkte umfassendes Zeitmanifest. Der erste und wichtigste Punkt davon lautet:

> *»Frei ist der Mensch, der über seine Zeit selbst bestimmen kann. Frei ist die Gesellschaft, die ihren Umgang mit der Zeit in einem gemeinschaftlichen Diskurs aushandeln kann. Deshalb setzen wir uns dafür ein, individuelle und kollektive Zeitautonomie als Menschenrechte zu manifestieren.«*

Wir haben sehr bewusst das Wort »sich einsetzen« gewählt. Das steht zum einen nicht im Verdacht, eine übereifrige Aktivität zu sein, und drückt zum anderen unterschwellig aus, dass es nicht darum geht, den sehr dehnbaren Begriff der »Zeitautonomie« wörtlich zu deklarieren, sondern vielmehr darum, sich darüber Gedanken zu machen, welche

172

zentrale Rolle unser Umgang mit der Zeit für unsere Freiheit spielt. An unserer realen Zeitkultur lässt sich sehr gut ablesen, in welcher Verfassung unsere Gesellschaft ist. Es ist eine der großen politischen Errungenschaften, dass in einem Rechtsstaat niemand einer willkürlichen Macht ausgesetzt sein darf, die ihn beispielsweise einfach wegsperrt, weil es ihr gerade in den Kram passt. Diejenigen, die Gesetze machen, dürfen sie nicht selbst ausführen und dürfen auch nicht selbst richten. Nur wenn diese drei Säulen unabhängig voneinander sind, haben wir es mit einer Demokratie zu tun. Aber wer macht eigentlich unsere zwar nirgends aufgeschriebenen, aber doch so wirkungsvollen Zeitgesetze? Welche Institution kümmert sich darum, dass sie eingehalten werden? Und wer richtet darüber? Das sind verzwickte Fragen, die sich bei einem so großen Thema wie der Zeit nur in einem ausgiebigen Prozess erörtern lassen. Wenn wir uns in Ruhe darüber Gedanken machen, ist das schon ein guter Anfang. Wenn wir uns über diese Gedanken auch noch mit anderen austauschen, beginnen wir, an den Gitterstäben unserer Eilvollzugsanstalten zu feilen.

Und so werde ich auch künftig heiter die rote Zeitkarte zücken und die mirora am Handgelenk tragen – und damit Gespräche über den Sinn oder Unsinn von Beschleunigung herausfordern.

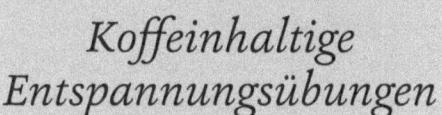

*Koffeinhaltige
Entspannungsübungen*

D as Aroma muss göttlich gewesen sein. Von der Crema wird heute noch mit Ehrfurcht gesprochen. Der Löffel, so berichteten mir diejenigen, die ihn selbst getrunken hatten, soll im Kaffee gestanden haben, so dicht und fest kam der goldbraune Schaum aus den Siebträgermaschinen vieler sardischer Bars. Man nannte ihn den »Kaffee der Götter«. Wenn die Trommeln der Rösterei in dem kleinen Dorf auf der Mittelmeerinsel aufgeheizt und mit den kostbaren Bohnen bestückt wurden, legte sich ein verführerisch duftender, unsichtbarer Schleier über die umliegende Landschaft und betörte bei passender Windrichtung sogar noch die fast zehn Kilometer entfernt am Strand liegenden Einheimischen und Touristen. Die Rösterei war schon lange nicht mehr im Betrieb, der einstige Besitzer vor Jahren verstorben. Geblieben ist das Leuchten in den Augen derer, die ihn und seinen köstlichen Espresso noch kannten und in sehnsüchtiger Erinnerung davon schwärmen. Aus so einem Stoff, da waren meine Liebste und ich uns während des Sommerurlaubs auf Sardinien einig, werden Legenden gewoben. Neben vielen anderen gemeinsamen Leidenschaften verbindet uns auch eine Begeisterung für kräftigen, heißen und möglichst kurzen Espresso, der mit schokoladig-rauchigen, am liebsten in einer ausgewogenen Balance zu einer feinen fruchtigen Säure stehenden Aromenvielfalt die Riechzellen in der Nase und die Geschmacksknospen in Mund und Gaumen verzückt. Sollte es irgendwie möglich sein, dass wir dem sagenumwobenen sardischen Kaffee auf die Spur kommen? Wir machten uns auf die Suche nach dem verborgenen

Schatz. Sie wurde zu einem Sommermärchen, das uns durch unzählige Bars führte, die Bekanntschaft mit wahren Kaffeekennern schließen ließ und sogar zwei originale Espressotassen der aufzuspürenden Marke für unsere kleine Sammlung bescherte. Irgendwann standen wir vor einem Haus, in dem angeblich eine Verwandte des verblichenen Rösters wohnen sollte. Sie lebte zurückgezogen, und es dauerte eine gute Weile und bedurfte vieler warmer Worte, um ihr den Gefallen abzuringen, unsere Telefonnummer der Witwe der Kaffeelegende zukommen zu lassen. Ein paar Tage später klingelte unser eigens für diesen einen Anruf angeschaltetes Handy. Einzig dem Charme und der Überzeugungskunst meiner Frau ist es zu verdanken, dass wir am kommenden Tag bei einem Treffen mit der Signora die Geschichte aus erster Hand erfahren durften - und das Allerheiligste, die Rösterei, von innen bestaunen. Wahrscheinlich war es das Zusammenspiel von der Langsamkeit, in der sich die Fragmente unserer Nachforschungen einem Puzzle gleich zu einem Bild zusammengefügt hatten, mit unserer Liebe zu der Insel und ihren besonderen Menschen, mit unserer Passion für Kaffee und mit dem Traum, dass dieser Urlaub nie vorübergehen möge, das uns auf die Idee brachte, die göttlichen Bohnen aus ihrem Dornröschenschlaf zu wecken und die Trommelröster unter unserer Regie wieder anzuwerfen. Und so lernten wir die Töchter der Familie kennen, erfuhren die Geheimnisse der richtigen Mischung verschiedener Kaffeebohnensorten und ihrer traditionellen Röstung, erlangten Kenntnisse darüber, welche Bedeutung der Mahlgrad, die

Kaffeemaschinen und das Können der *baristi* für die Qualität des Kaffees in der Tasse haben, und wurden darüber aufgeklärt, mit welchen Mitteln und Methoden die Kaffeelieferanten um die Gunst der Barbesitzer buhlen. Und endlich wurden unsere Erkundungen mit dem Genuss eines frisch gebrühten Kaffees belohnt.

Die stimulierende Wirkung des Koffeins im Kaffee halte ich persönlich für überbewertet. Zu ihren Gunsten vergisst man viel zu schnell einen anderen Effekt, und um den geht es mir im Zusammenhang mit der Kunst der Faulheit. Denn so eine kleine Espressotasse ist das ideale Utensil, um sich in jahrelangem Training der Kunst der Kontemplation anzunähern. Doch von den USA herübergeschwappt ins nördliche Europa ist eine Unart, die uns mehr und mehr dieser schönen Übung beraubt und inzwischen das Bild zumindest größerer deutscher Städte prägt. Kein Platz, keine Straße, keine Bahn ist mehr frei davon. Überall laufen Menschen mit Pappbechern in ihren Händen herum und vergreifen sich an der Kaffeekultur, indem sie aus einem bewussten Akt des Genusses eine banale Form der Flüssigkeitszufuhr machen. Coffee to go ist schon im Wortsinn nichts anderes als beiläufig. Er gaukelt uns vor, dass wir uns für den Genuss keine Zeit mehr zu nehmen brauchen. Dass es sich um etwas ganz Besonderes handelt, was wir da schlürfen, erfahren wir eigentlich nur noch über den Preis, den wir für das Getränk zahlen. Oscar Wilde hatte schon recht, als er erklärte, dass man heute von allem den Preis, von nichts aber den Wert kene. Der Wert eines Kaffees erschließt sich meines Erachtens nur dann, wenn er als Coffee to stay genossen wird. Die entscheidende Zutat dafür ist Zeit. Genau darin liegt der Kern meiner Übung, die ich mit dem vorwiegend in Österreich gepflegten Begriff des Kaffeehaussitzens trefflich beschrieben sehe. Belegen kann ich es nicht, aber ich vermute, dass die kulturellen Ursprünge meiner Lieblingsexerzitien in der Alpenrepublik liegen, wahrscheinlich in der Hauptstadt Wien. Wer jemals im Café Landtmann am Universitätsring eine Melange, einen kleinen Braunen, einen Verlängerten oder einen erst ab den Nachmittagsstunden zu empfehlenden Fiaker genossen hat, weiß, was ich meine. Allein die Namen der Heißgetränke versetzen den Gast in einen beschaulichen Zustand, vor allem, wenn sie in dem die Vokale so einzigartig in die Länge ziehenden Dialekt intoniert werden. Ich bevorzuge den kleinen Schwarzen ohne Zucker. Ich trinke ihn, wenn er noch heiß ist. Und dann lasse ich mich in die mich umgebende Stimmung fallen. Einfach nur dasitzen und schauen. Meine Atmung wird zunehmend ruhiger, meine Haltung entspannter. Alles wird langsamer, und langsam wird es gut. Aus den Bewegungen und Gesichtern der beobachteten Menschen entspinnen sich zuerst kleine, imaginierte Anekdoten von dem, was sie wohl gerade erlebt haben, was sie emotional bewegt, von Liebeskummer und Schmetterlingen im Bauch, von ihren Wünschen und Träumen. Aus den Geschichtchen werden Geschichten, die sich mit jedem weiteren Viertelstündchen zu Erzählungen verflechten, um sich in einem Roman von epischer Fülle zu vereinen. Bei einem Kaffee offenbart sich die gesamte Bandbreite des Lebens.

Noch schöner als in einem Café sitzend wird es, wenn die Temperaturen es erlauben, sich im Freien an seinem Kaffee zu ergötzen. Dafür ist mein bevorzugter Genussort die italienische Piazza. Mit ihrer Architektur, oft einschließlich eines Brunnens, und den auf dem Pflaster schlendernden oder am Brunnenrand sitzenden Menschen liefert sie das perfekte Ambiente gratis dazu. Zugegeben, auf dem Markusplatz in Venedig oder vor dem Trevibrunnen in Rom gibt es das nicht wirklich gratis, aber diese Orte eignen sich wegen der Touristenmassen ohnehin nicht für die von mir so geschätzte Beschaulichkeit. Doch in nahezu jedem noch so kleinen Städtchen in *bella Italia* gibt es mindestens einen Platz, der – mit Ausnahme einiger Rollerfahrer vom motorisierten Verkehr befreit – ideale Voraussetzungen dafür gewährt, stundenlang einfach nur auf einem bequemen Stuhl zu sitzen, das Leben einzuatmen und irgendwann das Glück zu erfahren, ein Teil davon zu sein. Es ist ja eine weit verbreitete Gepflogenheit, fremde Städte und Kulturen für sich zu entdecken, indem man ihre Sehenswürdigkeiten bestaunt und fotografiert und anschließend noch das eine oder andere Museum besucht. Das ist mir in der Regel zu anstrengend und betriebsam. Ein guter Logenplatz auf der Piazza beschenkt mich so reichhaltig mit den natürlichen, zufälligen und vor allem nicht organisierten Eindrücken, dass ich diese mitunter einer noch so liebevoll und fachkundig konzipierten Ausstellung vorziehe. Eine Stadt, so meine These, lässt sich am einfachsten und auch am besten durch Kaffeehaussitzen erkunden. Dabei bin ich die Getränkewahl betreffend alles andere als dogmatisch. Ein Espresso ist zwar meist der Einstieg, sobald sich aber der Nachmittag gen Abend neigt, lässt sich das Heißgetränk wunderbar mit einem Schlückchen Wein ersetzen. In Gegenden, wo der Rebsaft angebaut und gekeltert wird, greife ich gern zum meist aus großen Gebinden ins Glas fließenden Hauswein. Davon kann man sich auch bei knapper Kasse noch nachbestellen und bekommt fast immer hervorragende Tropfen aus der Region – und einen angenehm leichten Glimmer, der die Fantasie beflügelt und den Blick ins eigene Ich zu öffnen einlädt.

Das Kaffeehaussitzen ist insofern eine gute Übung auf dem Weg zur Faulheit, als dass es erfahrungsgemäß auch hektischeren Zeitgenossen einen leichten Einstieg in die Lebenskunst bietet. Der Fachbegriff dafür lautet wohl »niedrigschwelliges Angebot«. Wenn die entsprechende Bar Außenplätze hat, ist selbst das noch übertrieben, da gar keine Schwelle zu überschreiten ist, es sei denn, man muss das Lokal betreten, um sich der bereits vom Körper verarbeiteten Flüssigkeiten zu entledigen oder um zu bezahlen. Mit etwas Praxis und Zeit lässt sich die Verweildauer auch bei Ungeduldigen schrittweise steigern, in einem zweiwöchigen Urlaub etwa von einer halben Stunde auf einen gesamten Nachmittag. Wer nach einigen Tagen Training immer noch nach einer Stunde anfängt, nervös mit dem Stuhl zu wackeln, kann statt des Kaffees auch gleich einen Wein bestellen. Das soll recht gut wirken.

Meine eigene Prüfung im Nichtstun durfte ich schon im zarten Alter von 23 Jahren ablegen. Ich hatte das große Glück, die mit Abstand beste Lehrmeisterin zu haben, die mich perfekt darauf vorbereitet hat. Sie kam übrigens nicht, wie man jetzt vielleicht vermuten könnte, aus einem fernöstlichen Kloster, sondern erblickte das Licht der Welt in Baden-Württemberg – ein für die erwähnte Aufgabe eher als suboptimal geltender Landstrich. Denn dort hat die Lebensphilosophie »Schaffe, schaffe, Häusle baue!« ihren Ursprung und wird meiner Kenntnis nach bis heute noch gepflegt. Meine Lehrmeisterin war auch keinesfalls alt und weise. Im Gegenteil. Ich lernte sie zum Zeitpunkt Ihrer Geburt kennen und lieben. Sie ist meine erste Tochter. Da ich damals mitten im Studium und meine damalige Frau schon in Lohn und Brot standen, gab es keine lange Diskussion darüber, wer sich nach der Zeit des Mutterschutzes um das Baby kümmert. Ich hatte den Jackpot geknackt! Schon nach kürzester Zeit hatte ich mich dem Rhythmus der neuen Erdenbürgerin angepasst. Viel schlafen, auch tagsüber, ab und zu etwas futtern und ansonsten hauptsächlich herumdösen, Quatsch machen, mal ein Liedchen singen und spazierengehen – erst mit dem Kinderwagen und ab dem Tag, an dem sie sitzen konnte, gern auch mit dem Fahrrad. Sie liebte es besonders, wenn wir uns beide in die Hängematte legten, ich meiner

Gitarre ein paar Töne entlockte, bis uns das sanfte Schaukeln in den Schlaf wiegte. Die für mich lehrreichsten Stunden der Genügsamkeit waren allerdings diejenigen, die ich mit ihr auf Sommerwiesen verbrachte. Mit genügend Nahrung im Bauch und trockener Windel brauchte sie nichts weiter als Natur um sich. Schon umgab sie eine unüberspürbare Aura der Zufriedenheit und des Glücks. In diesen Stunden war einfach alles gut. Wir taten nichts und waren davon erfüllt. Ich behaupte vollen Ernstes und leiste einen Eid auf alles, was mir wichtig ist, dass diese erfüllende Erfahrung wie eine nie versiegende Quelle ist, aus der ich heute noch schöpfe. Außer einer Decke und uns hatten wir nichts dabei - kein Spielzeug, keine Gitarre und nicht einmal eine Thermoskanne mit Kaffee. Eines hatten wir allerdings im Überfluss: Liebe. Als das Selbstverständlichste der Welt trug sie uns durch das wohl sanfteste Jahr meines Lebens.

Vielleicht bin ich ja deswegen zeit meines Lebens ein Optimist geblieben. Angesichts der unwiderlegbaren Tatsache, dass wir alle einmal Babys waren und uns fürs Glück ein bisschen Nahrung, ein sauberer Hintern, die Natur, Zuwendung und Liebe genügten, sollte doch ausreichend Potenzial vorhanden sein, nicht pausenlos nach mehr zu streben, die Tretmühle nicht immer schneller anzutreiben und nicht rücksichtslos unsere sozialen Beziehungen verkümmern zu lassen und uns selbst und die Welt zu erschöpfen. Ich kann die Hoffnung nicht aufgeben, dass wir so intelligent sind, irgendwann einmal zu merken, dass weniger einfach besser ist. Weniger arbeiten, weniger konsumieren, weniger ausbeuten, weniger verbrauchen, weniger besitzen. Wir haben dann zwar nicht mehr Zeit – der Tag wird ja nicht länger. Wir können diese aber verschwenderisch mit dem verbringen, was uns wirklich wichtig ist und uns guttut. Das kann auch eine erfüllende Arbeit sein. Die gehört ganz sicher zu einem guten Leben – auch für ausgewiesene Faulpelze. Es sollte aber auch genügend Zeit für Muße bleiben. Den Arbeitsplatz kann man in turbulenten Zeiten ganz unvermittelt verlieren. Angestellte und Arbeiter können gefeuert werden, Selbstständige pleitegehen, Politiker abgewählt werden, und wahrscheinlich nur mit der Ausnahme des vorzeitigen Ablebens werden wir zum gegebenen Zeitpunkt in Rente gehen. Nicht wenige haben dann das unwohle Gefühl, vor einem Abgrund zu stehen. Das Nichts aber kann uns im Gegensatz zur Arbeit niemand nehmen. Wer damit umzugehen lernt, braucht vor fast gar nichts mehr Angst zu haben. Im Gegenteil: Wo so viel Platz frei ist, kann die Liebe mühelos hineinströmen.

Die sardische Kaffeeröstergeschichte hat übrigens in diesem Sinne ein gutes Ende gefunden. Meine Liebste und ich schmiedeten kräftig Pläne, rechneten bis tief in die Nächte, wie sich von dem Geschäft ein ausreichendes Einkommen erzielen ließe, wie viele Bars, die inzwischen in Ermangelung der Verfügbarkeit des Kaffees auf andere Marken umgestiegen waren, wir für unsere Bohnen begeistern müssten und wie viel Geld wir wo zusammenzukratzen hätten, um das

Ganze in Schwung zu bekommen. Einige Male trafen wir uns mit der Eigentümerfamilie, einmal sogar bei einem Steuerberater und Wirtschaftsprüfer, um die unterschiedlichen Vorstellungen abzugleichen und einen gemeinsamen Nenner sowie ungefähr deckungsgleiche Ziele zu finden. Dann passierte das Wunder. Wir hörten nichts mehr von ihnen. Kein Telefonat, kein Brief, keine E-Mail. Funkstille. Im Nachhinein bin ich sehr glücklich darüber, auch bei dieser Geschichte eine Begegnung mit dem Nichts gehabt zu haben. Sonst wäre ich heute wahrscheinlich rund um die Uhr für Dutzende Barbesitzer erreichbar, müsste mich um schwankende Rohstoffpreise, geforderte Rabatte, kaputte Siebträgermaschinen und eine kleine Armada von Servicetechnikern und Auslieferungsfahrern kümmern. Die umständliche und komplizierte Steuer-, Abgaben- und Vorschriftenpraxis in Italien hätte mir wahrscheinlich längst den letzten Nerv geraubt. Der Kaffee der Götter bleibt eine schöne Legende im Dornröschenschlaf, und auch ich kann weiterhin gut schlafen. Vielleicht wird die Rösterei ja eines Tages von einem anderen Prinzen wachgeküsst. Ich bin gerade noch einmal davongekommen. Dafür habe ich in einem späteren Urlaub gelernt, wie viel Spaß es bereiten kann, bei einer Tasse Kaffee oder einer Flasche Wein mit waschechten Sarden schwärmerisch über Geschäfte zu diskutieren, ohne sie wirklich machen zu wollen. Binnen drei Stunden lässt sich ein wahres Imperium aufbauen, das man tags drauf wieder vergessen hat. Es geht lediglich um die Kreativität des Moments, die Ästhetik der Idee, den Spaß an der Möglichkeit – und nicht darum, mit großer Anstrengung das große Geld zu machen. Es war keine Tasse Kaffee, sondern es waren wohl zwei oder drei Flaschen Rotwein, die ich mit einem Fischer in einer Bar geleert habe. Obwohl ich ihn bis dahin gar nicht kannte, haben wir noch während unserer lebhaften Unterhaltung ganz Deutschland mit dem vorzüglichen, so nur auf Sardinien von einem seiner Freunde hergestellten Schafschinken versorgt. Wir fühlten uns wie Könige. Für einen Nachmittag.

Wer faul ist,
leistet einen Beitrag
zur Rettung der Welt

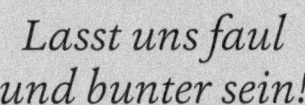

*Lasst uns faul
und bunter sein!*

Winfried Karls ist ein Mann ohne Ängste. Er hatte schon zwei Nahtoderfahrungen. Als zwölfjähriger Junge ist er fast im Mittelmeer ertrunken. Zwanzig Minuten befand er sich auf der Schwelle zwischen Leben und Tod, bis ihm ein Rettungsschwimmer das Wasser aus den Lungen gepumpt hatte und er wieder zu sich kam. Den zweiten Sprung von der Schippe machte er nach einer irrtümlichen Überdosierung mit Medikamenten in einem Krankenhaus. Als das Personal dort schon jede Hoffnung auf eine Lebensrettung aufgegeben und alle Apparate ausgeschaltet hatte, wurde er wieder wach. Winfried Karls hat nicht zuletzt wegen dieser außergewöhnlichen Erfahrungen ein sehr spezielles Verhältnis zur Zeit. Er erlebt jeden einzelnen Tag als Geschenk. Wenn man sich mit ihm unterhält, spürt man das sofort. Seit dem Herbst 2014 ist er Mitglied in unserem Verein zur Verzögerung der Zeit und bereichert als treuer Teilnehmer unserer Jahressymposien unsere Zeitgespräche mit reflektierten Gedanken und äußerst kreativen Ideen. Eine der gelungensten davon müsste eigentlich im Guinness-Buch der Rekorde eingetragen werden. Mit über 100 Millionen Teilnehmerinnen und Teilnehmern war es der größte Flashmob, den die Welt je erlebt hat. Ausgelöst wurde er durch einen Tweet, den unser Büro am 25. Oktober 2015 um 20:45 Uhr in die weite Netzwelt hinauszwitscherte:

*#Zeitumstellung am 25.10. Aufruf zum dezentralen
Flashmob: Schlaft alle von 2 bis 2 Uhr!
Kollektives #Innehalten gegen #Beschleunigung.*

Die geschenkte Stunde, als in der besagten Oktobernacht die Uhren von 3:00 auf 2:00 Uhr zurückgedreht wurden – exakt also der schwer vorstellbare Zeitraum zwischen 2:00 und 2:00 Uhr – sollte in der mitteleuropäischen Zeitzone kollektiv dem Vereinszweck gewidmet werden. Einige Nachtschwärmer und Schichtarbeiter ausgenommen, dürften mindestens 100 Millionen Menschen in Deutschland, Österreich, der Schweiz, Frankreich, Spanien, Italien und Schweden dem Aufruf gefolgt sein, ohne ihn jemals gehört oder gelesen zu haben. Wahrscheinlich waren es sogar deutlich mehr.

Winfried Karls Idee erinnerte mich sehr an zwei Zeilen aus der von Robert Gernhardt, F. K. Waechter und F. W. Bernstein gemeinsam verfassten *Wahrheit über Arnold Hau,* ein Buch, das ich seit Jahrzehnten stets griff- und lesebereit habe und mich immer wieder zum Schmunzeln oder Lachen bringt. In dem darin enthaltenen »Gesetz für die Menschheit« heißt es:

> *»Und das habt zum Zeichen: Ich will einen gewaltigen Lärm machen und ihr sollt ihn nicht hören. (...) Dieser Lärm aber soll 1000 Jahre und einen Tag dauern. Danach aber soll er nicht mehr dauern. Und es soll ein ewiger Friede sein.«*

Ich fürchte, dass wir uns trotz der gigantischen Beteiligung am Zeitumstellungs-Schlafmob noch immer in der Hau'schen Lärmphase befinden. *Die Wahrheit über Arnold*

Hau ist in meinem Geburtsjahr 1966 erschienen, wahrscheinlich wird der Trubel also noch ein paar Jahrhunderte anhalten. Dabei wäre es wirklich Zeit, dem unerhörten Treiben ein Ende zu bereiten – oder ihm zumindest etwas entgegenzustellen. Etwas mehr Faulheit zum Beispiel. »Wer schläft, sündigt nicht«, sagt der Volksmund. Ich bekräftige das mit einer Ergänzung: »Wer faul ist, leistet einen Beitrag zur Rettung der Welt.« Natürlich gibt es Entwicklungen und Entscheidungen, gegen die man aufstehen und auf die Straße gehen sollte. Ohne sichtbaren Widerstand wird sich wahrscheinlich nichts ändern. Doch man muss nicht alles im Stehen machen. Man kann sich ja auch auseinander- oder sogar widersetzen. Das käme der Ästhetik von Faulheit entgegen.

Wenn Albert Einstein recht damit hat, dass man Probleme niemals mit derselben Denkweise lösen kann, durch die sie entstanden sind, dann ist es doch zumindest eine Bemühung der grauen Zellen wert, nach einer passenden Alternativhaltung zu fragen. Nehmen wir eine der aktuell bedrohlichsten Entwicklungen auf unserem Planeten, die beschleunigte Klimaveränderung. Ich halte es, wie schon früher angedeutet, für eine – vielleicht sogar bewusst so in die Welt gesetzte – Verharmlosung, ein Problem, das durch die erhöhte Geschwindigkeit unseres Ressourcenverbrauchs entstanden ist, mit dem beschaulichen Wort »Wandel« zu bezeichnen. Ich rege an, stattdessen künftig den Begriff »Klimabeschleunigung« zu benutzen. Kern des Problems ist doch, dass wir so viel schneller materiell wachsen, dass die Natur bei diesem Tempo nicht mehr mithalten kann. Die Kluft zwischen der Steigerung unseres Verbrauchs und den Grenzen des Nachwachsens und Regenerierens der Natur wird immer größer. Auch wenn es eine grundsätzlich gute Idee ist, auf sogenannte regenerative Energien zu setzen – allem voran auf die Sonne –, werden wir ohne eine grundsätzliche Änderung unserer Haltung zum Wachstum und unserer Zeitkultur wahrscheinlich keinen Blumentopf damit gewinnen, geschweige denn die sich in atemberaubendem Tempo vollziehende Erderwärmung aufhalten. Ja, technische Lösungen können helfen, und wir sollten weiter nach guten Ideen suchen und forschen. Aber ohne ein neues Bewusstsein befeuern technische Lösungen nur die Illusion, wir könnten dank unserer Findigkeit weiter in den Himmel wachsen. Im Fachjargon nennt man das den »Rebound-Effekt«, der letztlich zu noch mehr Verbrauch führt, weil es ja mit Solarzellen und Windrädern nicht mehr darauf ankommt. Was für ein Trugschluss. Solange Quantität im Ranking der menschlichen Wünsche und Ziele vor Qualität steht, werden wir immer wieder an die natürlichen Grenzen stoßen. Solange wir ernsthaft glauben, dass ein Leben in materiellem Saus und Braus glücklicher macht als ein Leben mit sozialem und zeitlichem Reichtum, werden wir uns nicht von der Plackerei befreien können, die wir auf uns nehmen, um all die Dinge zu produzieren und zu konsumieren, auf die wir so gar nicht verzichten wollen. Solange es harter Arbeit bedarf, um gesellschaftliche Anerkennung zu bekommen, anstatt gemeinsam der Muße zu huldigen, werden wir das System stabilisieren, welches uns die aktuellen Probleme bereitet. Achten Sie doch einmal darauf, was Sie selbst denken und fühlen, wenn Sie jemanden sehen, der deutlich weniger macht, als unsere Wachstumsreligion von ihm erwartet! Welche Wörter neben dem niedlichen Begriff »Faulpelz« fallen Ihnen für einen solchen Menschen ein? Welche Automatismen lassen Sie ihn in welche Schublade Ihres Gehirns einsortieren? Was wäre, wenn Sie andere Wörter dafür fänden? Würden sich neue Schubladen in Ihrem Kopf öffnen? Warum hat meine Verlegerin jahrelang nur Absagen erhalten, als sie nach einer Autorin oder einem Autor für ein Buch über Faulheit suchte? Warum traut sich kaum einer, öffentlich zum Nichtstun zu stehen? Wie tief ist der Wachstumswahn schon in unsere Gedankengänge eingedrungen? Ist es wirklich so schwer, sich wenigstens für ein Denkexperiment davon zu befreien?

Etwas mehr Faulheit würde nicht nur uns selbst, sondern auch unserem Zusammenleben und der Erde ganz guttun. Ein paar simple Beispiele gefällig? Wenn wir ganz einfach auf den Kauf von Zeug verzichteten, das wir kurze Zeit später wieder wegwerfen, wäre allein durch Unterlassung schon einiges getan. Tonnen von Lebensmitteln, Berge von Pressspanmöbeln, ganze Seen von Putzmitteln, Pflanzengift und sonstigen Chemikalien, mit technischem Schrott gefüllte Täler und in den Himmel ragende Türme von jeglichem überflüssigem Plastikgedöns müssten nicht mehr hergestellt und später entsorgt werden. Wenn wir nur einmal pro Woche das Auto stehen ließen und zu Hause blieben, sänke der Kraftstoffverbrauch bereits beträchtlich. Wenn wir uns fragten, ob ein Gegenstand unser Leben wirklich verbessert, bevor wir damit unsere Wohnungen und Häuser vollstopfen, dann bräuchten wir weniger zu verdienen – oder könnten das gesparte Geld in den Erwerb von Lebensmitteln investieren, die ihrem Namen auch gerecht werden. Wenn wir uns nicht für Riesenglotzen und schicke Neuwagen verschuldeten, wären wir nicht mehr so erpressbar, uns für jede Arbeit herzugeben, die wir freiwillig nicht verrichten würden. Mit jeder solcher Nichthandlung würden wir die Erfahrung machen, dass es sich keinesfalls um einen schmerzhaften Verzicht auf etwas handelt, sondern um eine kleine Befreiung von einer Last.

Wenn ich mir mehr Faulheit für diese Welt wünsche, dann meine ich damit nicht die Verdummung vor dem Fernseher oder im digitalen Netz, sondern einen Zustand, in dem sich die Menschen näherkommen – näher zu sich selbst und näher zu anderen. Ich nehme an, dass es dann deutlich kreativer und auch bunter zugehen würde. Uns würden für altbekannte Probleme wirklich neuartige Lösungen einfallen, weil wir langsam, aber sicher überkommene Denkmuster verlassen und Innovation nicht mehr nur technisch verstehen würden, sondern durch die Freude am puren Menschsein und am Zusammensein mit anderen Menschen inspiriert neue Formen des Lebens erahnen und vielleicht sogar wagen würden. Wir würden unseren technischen Errungenschaften nicht mehr als modernen Göttern huldigen, sondern sie als unsere Untertanen die Arbeiten verrichten lassen, die uns Menschen nicht würdig sind. Wir würden, wie Paul Lafargue in seiner bissigen Streitschrift *Das Recht auf Faulheit* schon 1880 forderte, nur noch drei Stunden am Tag arbeiten müssen, um unsere materiellen Bedürfnisse befriedigen zu können. Wir würden statt der menschlichen Arbeit die der Maschinen besteuern – und die Transaktionen der Finanzwirtschaft gleich mit. Wir würden uns besinnen, den zweiten Absatz von Artikel 14 in unserer Verfassung wieder ernst zu nehmen. »Eigentum verpflichtet«, heißt es darin. Und damit auch alle verstehen, was damit gemeint ist, wird das so eingefordert: »Sein Gebrauch soll zugleich dem Wohle der Allgemeinheit dienen.« Es wäre nur allzu logisch, dass auch Geld zum Eigentum gehört. Folgerichtig würden wir finanzielle Spekulationen entweder gleich verbieten oder sie zumindest umso höher besteuern, je weniger sie zur realen Wirtschaft und zum Wohlstand aller beitragen. Die Steuerquote auf den von Computeralgorithmen betriebenen Hochfrequenzhandel an den Börsen würden wir guten Gewissens auf 100 Prozent setzen. Die Frage danach, wie denn ein bedingungsloses Grundeinkommen moralisch vertretbar sei, beantworteten wir nicht mehr mit vorsichtig formulierten Rechtfertigungsversuchen, sondern stellten die Gegenfrage, wie denn die Einkommen ohne Arbeit an den Finanzmärkten entstehen. Und dann würden wir so lange fragenden Blickes schweigen, bis diejenigen ins Stottern kommen, die sonst so gern behaupten, sie hätten die ökonomische Weisheit mit großen Schöpfkellen gefressen und deshalb einen Alleinvertretungsanspruch auf die Wahrheit. Menschenverachtende Geschäfte würden wir nicht mehr stumm dulden, weil uns die Drohung mit Arbeitsplatzabbau nur noch ein Achselzucken hervorrufen ließe. Wir wüssten schließlich, dass es immer noch genügend Arbeit gibt – etwa im sozialen Bereich –, für deren Verrichtung wir jetzt schon nicht genügend Menschen finden. Und da wir mit dem Verlust eines Arbeitsplatzes nicht auch unsere Würde und gesellschaftliche Anerkennung abgeben müssten, hätten wir vor diesem Totschlagargument ohnehin keine Angst mehr. Wir hätten endlich Zeit, ausgiebig darüber nachzudenken, was uns wirklich zufrieden macht. Und es würde immer noch reichlich Zeit dafür bleiben, uns ebenso ausgiebig über die unterschiedlichen Ideen dazu auszutauschen und neue Ansätze zu entwickeln, wie wir das Zusammenleben gestalten wollen und können. Wenn wir es in der Muße zur Meisterschaft brächten, würde uns vielleicht sogar einfallen, wie wir die Gier aus der Welt schaffen können. Der Umstand, dass so viele Menschen dem Geld nachjagen, könnte uns auf die Spur bringen, dass diese Jagd sinnlos ist, weil sie kein Ende hat. Viel Geld ist im Grunde doch nur die theoretische Möglichkeit der Erfüllung von Wünschen. Spätestens seit Wilhelm Busch das Gedicht »Niemals« verfasste und darin beschrieb, dass ein jeder Wunsch, wenn er erfüllt ist, augenblicklich Junge kriegt, sollten wir wissen, dass die Reproduktionsrate des Verlangens eher der einer Bakterienkultur entspricht als der einer Sippe zeugungsfreudiger Mäuse. Wird die Geldgier erst einmal als eine das Glück zerstörende Krankheit angesehen, fällt es wahrscheinlich nicht mehr so schwer, mit vorbeugenden Maßnahmen und durchschlagenden Therapien gegen sie vorzugehen. Grenzenloser Reichtum wird dann vielleicht sogar bemitleidet. Mindestens aber sollte eine gewisse Vorsicht davor walten. Es steckt sich ja auch niemand freiwillig mit Syphilis an.

Ich setze darauf, dass etwas mehr Faulheit uns Menschen zur Muße befähigt und wir die Perspektive fast schon automatisch ändern, sobald wir von außen auf das Hamsterrad schauen. Ich bin mir auch sicher, dass wir dann andere Formen der Kreativität entfalten. Statt kleine Variationen des Bestehenden für den großen Wurf zu halten, könnten wir uns wirklich Neues ausdenken. Es hilft schon, die Barriere der Finanzierbarkeit für ein paar Momente einmal zu ignorieren. Die Gruppe des Lübecker Werteforums hatte sich stets im Büro eines sehr fortschrittlichen Pastors getroffen. Bei den Zusammenkünften gab es eine Regel: Es wird nicht über Geld gesprochen. Nach ein paar Sitzungen hatten wir uns alle daran gewöhnt und nicht nur nicht über die Finanzierbarkeit gesprochen, sondern sie im Laufe der Jahre auch aus unseren Köpfen verbannt. Die Wirkung war grandios. Die Ideen sprudelten nur so, und es entstanden wunderschöne Projekte, deren finanzielle Ausstattung sich an einem anderen Ort zusammenbasteln ließ. Für das, was wir als wirklich wichtig erachteten, ließ sich immer eine Lösung finden.

Manchmal dauerte das recht lange, aber geübte Faulenzer sind in der Regel geduldig.

Wie geduldig und locker man mit Terminen und Tagesordnungen umgehen kann, habe ich auf Sardinien gelernt. Meine Liebste und ich sind Mitglied eines Kulturvereins in einem kleinen sardischen Bergdorf. Das von diesem Verein seit über 30 Jahren organisierte sommerliche Jazzfestival gehört zu meinen absoluten Höhepunkten des Jahres. Auf Weihnachten könnte ich gut und gern verzichten, auf dieses sich über zwei Wochen und etliche Konzerte über den Norden der Insel erstreckende und in drei Abenden auf der Dorf-Piazza mündende musikalische Ereignis nicht. Als wir das erste Mal die Jahreshauptversammlung des Vereins besuchten, wollte ich – ganz deutsch – auf jeden Fall pünktlich sein. Schon eine geschlagene Stunde vor dem anberaumten Termin waren wir dort. Der Versammlungssaal, ein kleines Theater, war noch geschlossen. Auch eine Stunde später, als das Treffen beginnen sollte, war noch niemand da. Irgendwann trudelten vereinzelt ein paar Menschen ein. Sie hatten reichlich Käse, Salami, Brot und Wein dabei. Völlig entspannt und ohne jegliche Eile brauchten sie weitere zwei Stunden, um die Köstlichkeiten auszupacken und auf Tischen appetitlich anzurichten. Die eigentliche Tagesordnung wurde zur kurz abgehandelten Nebensache. Es schien ausschließlich darum zu gehen, eine gute Zeit miteinander zu verbringen. Weil dieses Vorhaben so eindeutig gelang, beschlossen wir, auch im Folgejahr wieder dabei zu sein. Da erlebten wir genau das Gegenteil von dem, was wir mit dem Zeitumstellungs-Flashmob im Zeitverein veranstaltet hatten. Bei dem wussten über 100 Millionen Menschen nicht, dass sie mitgemacht hatten. Von der Jahreshauptversammlung des Kulturvereins dahingegen wussten die Mitglieder – und haben nicht daran teilgenommen. Vielleicht hat sie gar nicht stattgefunden. Nach zwei Stunden des Wartens haben wir uns wieder fröhlich auf den Weg gemacht.

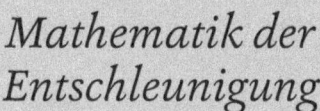

Mathematik der
Entschleunigung

Im Mai 2008 verschleppten mich vier sehr intelligente Frauen, darunter auch meine Liebste, auf die Insel Rügen. Sie wollten eine Woche in Klausur gehen und ohne jegliche Ablenkung einen neuen Studiengang konzipieren. Ihre geniale Idee war, sich auf einem Ferienbauernhof einzumieten und dort bar jeglicher Arbeit, auch der des Einkaufens, Kochens, Abwaschens und sonstiger häuslicher Tätigkeiten, auf die Gestaltung und die Inhalte ihres Vorhabens zu konzentrieren. Dafür brauchten sie einen erfahrenen Hausmann, der idealerweise auch noch Freude daran haben sollte, sie zu verwöhnen, und sich nur dann einmischt, wenn er gefragt wird, dann aber einigermaßen geistreich. Ob ich für diese Aufgabe ausgewählt wurde, weil ich die Kriterien zumindest ansatzweise erfüllte, ob aus Bequemlichkeit, da ich in direkter Reichweite zumindest der einen war, oder einfach nur aus Ermangelung einer Alternative, erinnere ich nicht mehr. Mir gefiel die Idee, ein paar Tage am Meer zu verbringen, und so sagte ich ohne langes Zögern zu. Was die Verpflegung betraf, war das Quartett recht genügsam, und viel Unordnung richtete es auch nicht an. So war es mir vergönnt, die meiste Zeit der Tage auf den Kaimauern oder in einem Café des Sassnitzer Hafens zu vertrödeln, das beschauliche Treiben der sympathisch unaufgeregten Insulaner zu verfolgen, meinen Blick über das Meer schweifen zu lassen und immer wieder die Augen für ein kleines Schläfchen zu schließen. Das Wetter beflügelte meine entspannte Stimmung, zeigte es sich doch mit strahlend blauem Himmel und fast schon sommerlichen Temperaturen jenseits der zwanzig Grad von einer Seite, die zu der Jahreszeit in diesen Breitengraden eher unüblich, mir aber sehr entgegengekommen ist. Die Auszeit war nicht nur für die vier Wissenschaftlerinnen, deren geistige Saat in einem inzwischen Maßstäbe setzenden Masterstudiengang aufgegangen ist, ein voller Erfolg. Auch ich hatte in dieser Woche etwas ausgebrütet. Im Gegensatz zu den Damen war mir allerdings nicht bewusst, dass ich quasi in einem Nest saß und unter meinem meist faulen Gefieder mit Unterstützung der so milden Maisonne ein Gelege heranwuchs, das mein Leben verändern sollte. Am letzten Tag der Klausur beschloss ich, den Sommer mit einem ausgiebigen Strandtag einzuläuten. Das Ostseewasser war zwar noch zu kalt, um darin zu baden, im warmen Sand ließ es sich aber schon trefflich aushalten, selbst ohne T-Shirt. Plötzlich weckte mich ein Gedanke aus meinen Tagträumen. Die Idee war geschlüpft. Sie zeigte sich in der Klarheit reiner Logik und ließ sich wie von selbst, ohne großes Zutun und fern jeglicher Anstrengung mit dem bloßen Finger als mathematische Formel in den Sand malen. Da jedes Kind, das man in die Welt setzt, einen Namen haben sollte, nannte ich meinen frühsommerlichen Einfall »Rügener Entschleunigungsformel«. Doch bevor ich Sie damit bekannt mache, gebührt meiner ehemaligen Physiklehrerin ein inniglicher Dank, dass sie rund ein Vierteljahrhundert zuvor meinen Geist mit langen Diskursen über die Null sowie Grenzwerte allgemein befruchtet hat. Es war mir damals nicht bewusst, dass es zu solch einer langen Schwangerschaft kommen sollte. Aber den Umstand, dass eine Frau einen noch nicht einmal zum Mann gereiften Jungen in andere Umstände zu versetzen imstande ist, finde ich nach wie vor charmant. Ganz leise schwingt sogar ein Hauch von Gleichberechtigung in dieser Geschichte mit – und das in einer Lehranstalt, die bis zu meinem Eintritt in die Oberstufe eine reine Jungsschule war, in der die Mädchen es mitunter sehr schwer hatten. Die Schilderung der teilweise gruseligen Erfahrungen, die einige junge Frauen dort machen mussten, erspare ich Ihnen an dieser Stelle. Nur so viel: Es wäre ausgesprochen hilfreich gewesen, wenn die #MeToo-Debatte schon einige Jahrzehnte früher geführt worden wäre. Jene Physiklehrerin jedenfalls weckte in mir eine Begeisterung für die in einer Zahl symbolisierte Idee des Nichts und schenkte mir eine Ahnung von der in einer gekippten Acht liegenden Bedeutung der Unendlichkeit. Beide kommen in meiner Formel vor.

Die Ausgangslage der Gleichung bildete die Frage, wie viele Dinge ich theoretisch erleben könnte. Schnell reichten die Finger zum Zählen nicht mehr aus, und selbst die Sandkörner am wunderschönen Schaaber Strand waren bei Weitem nicht genug, um die Menge an Möglichkeiten und Wendungen meines Lebens in ihrer Zahl abzubilden. Hinter jeder durch eine eigene oder fremde Entscheidung oder einen Zufall hervorgerufenen Verzweigung steht schon die nächste. Die sich daraus ergebende hypothetische Vielfalt ist eine unendliche Verästelung, die sich in keiner natürlichen Zahl ausdrücken lässt. Mit diesem Gedanken war der

Nenner der Gleichung in der Welt: Wir können unendlich viel erleben – zumindest mathematisch betrachtet. Eine ordentliche Bruchrechnung ist aber ohne Zähler nur halbfertig. Was also durch unendlich teilen? Das liegt auf der Hand und lässt sich simpel in den Sand zeichnen: die Zahl unserer tatsächlich erlebten Dinge. Bei der Betrachtung des bisherigen Tages kam ich auf ein Dutzend: Aufstehen, Zähne putzen, Kaffee trinken, Brötchen holen, Frühstück für die Frauen machen, Tisch abdecken, abwaschen, dösen, zum Mittag ein paar Krabben pulen, sie essen, mich an den Strand der Schaabe begeben, die Sonne und das Meer genießen. Das war ausgesprochen überschaubar, selbst für einen faulen Tag. Die erste Aufgabe stand fest: 12 geteilt durch unendlich. Das Ergebnis der Gleichung tendiert zielstrebig gen null. Es ist nicht wirklich nichts, aber es ist unfassbar dicht dran. Für die Idee zweier Linien einer mathematischen Funktion, von denen eine, in diesem Fall die Null, eine Gerade ist, die zweite sich mit einer zunehmend abflachenden Neigung an diese Gerade anschmiegt, ohne sie jemals zu berühren, hat die Mathematik den sogenannten Grenzwert erfunden. Dieses Phänomen wird »Limes« genannt und erinnert an die schier unendliche Länge des römischen Grenzwalls. Um die sympathische und außerordentlich talentierte Setzerin und Layouterin dieses Buches nicht vor unangemessen anstrengende und der Erhellung des Sachverhalts auch nicht unbedingt notwendige Herausforderungen zu stellen, vereinfache ich die eigentlich korrekte Form des ersten Teils der Rügener Entschleunigungsformel wie folgt:

$$\lim \frac{12}{\infty} = 0$$

Für den zweiten Teil des mathematischen Spielchens musste ich mich nur in die allgemeine Lebenshektik versetzen und mir vorstellen, was ich an diesem Tag alles hätte erleben können. Da er, wie alle anderen Tage auch, auf 24 Stunden begrenzt war, wurde mir klar, dass die praktischen Möglichkeiten eine gewisse Begrenzung hatten. Ich hätte mich ins Auto setzen, zum nächsten Flughafen fahren und ein zufälliges Reiseziel aussuchen können - etwa Bangkok. Dort hätte ich wahrscheinlich ein paar Tausend mir bislang fremde Gesichter sehen, einen guten Freund besuchen und mit ihm mir bislang unbekannte Gerichte von einem der vielen Straßenstände essen können. Vorher im Flieger hätte ich Bekanntschaft mit einem völlig aufgedrehten Geschäftsmann gemacht, der mir sein Leid klagte, dass ihn seine Firma nicht mehr Businessclass fliegen lassen würde, und würde dabei von der Krise seiner Branche und den unheilvollen Sparmaßnahmen erfahren. Ich würde mich fragen, warum alle um mich herum Tomatensaft trinken wollen, hätte am nächsten Tag in den Beinen einen Jetlag und, einer alten - in einer anderen Geschichte zu erzählenden - Tradition folgend, im Kopf einen fürchterlichen Whisky-Kater. Ich hätte das Problem, Geld für den Rückflug aufzutreiben, und würde deshalb vielleicht an den thailändischen Strand fahren, von dem der Freund fast genauso schwärmt wie von der entspannten Lebensart, die er seit seiner Auswanderung genießt. Ich würde vielleicht dahinterkommen, was dieses von ihm viel zitierte *sanuk* wirklich bedeutet, weil das deutsche Wort »Lebensfreude« dafür viel zu kurz greift. Kurz: Ich könnte eine riesige Menge erleben. Um irgendetwas über den Bruchstrich der zweiten Gleichung zu schreiben, entschied ich mich, eine für einen Tag doch recht imposante Zahl einzufügen.

$$\lim \frac{14\,380}{\infty} = 0$$

Nehmen wir einmal an, ich würde irgendwann ein Lebensalter von 100 Jahren erreichen und jeden Tag etwa die oben stehende Zahl an Erlebnissen anhäufen, dann käme ich auf ein unglaubliches Erlebnisreservoir von 524 060 700 Stück. Wie Sie gleich sehen werden, ändert sich am Ergebnis rein gar nichts:

$$\lim \frac{524\,060\,700}{\infty} = 0$$

Egal wie viel ich erlebe – solange meine Zeit endlich ist, werde ich es nicht bewerkstelligen können, bei allem dabei zu sein. Die Formel bringt es gnadenlos auf den Punkt und entlarvt jeden Ansatz eines Selbstbetrugs oder Überschätzungswahns. Im Ergebnis versäumen wir fast alles. Und zwar immer. Wie sehr wir uns auch abrackern, hyperaktiv werden und durchs Leben eilen. Der Ausschnitt, den wir uns anzueignen versuchen, bleibt winzig und nähert sich erbarmungslos der Null. Wen das nicht in eine gewisse Demut vor der Größe der Welt versetzt, dem ist nur schwer zu helfen. Denn etwas weitergedacht haben wir Menschen mit der Erkenntnis unserer allgemeinen Bedeutungslosigkeit die Chance, eine große Last von unseren Schultern abzuwerfen. Statt durch unser Leben von einem Ereignis zum anderen zu jagen, können wir uns genau auswählen, was wir tun und was wir gerade nicht tun wollen. Dass wir annähernd alles versäumen, könnten wir als ein großes Geschenk begreifen. Den wenigen Ereignissen, die wir zu echten Erfahrungen machen wollen, können wir durch Intensität Bedeutung und Qualität geben. Die Bedeutung der Quantität, also der puren Zahl, wird mit der Rügener Entschleunigungsformel unwiderlegbar als Täuschung entlarvt. Mehr noch, bietet sich doch mit ihr selbst für kühle Rechner ein Ausweg, dem Diktat der allgegenwärtigen Effizienz zu entkommen. Wenn es ohnehin gleichgültig ist, wie viele Erlebnisse wir addieren, drängt es sich doch förmlich auf, dass wir uns statt auf die Fülle auf den Sinn und die Beschaffenheit dessen richten, was wir mit unserem Leben anfangen. Lieber das eine Richtige machen als zwangsläufig beim Versuch scheitern, alles richtig zu machen. Oder mathematisch formuliert:

$$\lim \frac{1}{\infty} = 0$$

Mathematisch macht es keinen Unterschied. Aber es dürfte sich jenseits des Rechnens anders anfühlen. Der Druck, die Fülle des Machbaren zu erzwingen, weicht der zwanglosen Freiheit, fast alles zu lassen. Es ist die freundliche Einladung der Naturwissenschaft und Logik, aus dem Hamsterrad auszusteigen. Indem wir weniger – und gelegentlich auch einmal nichts – machen, haben wir die Chance, etwas vom Glück zu spüren. Das Glück – auch das ist mir am Strand der Ostseeinsel bewusst geworden – kommt nicht mit einer lauten Blaskapelle und einem großen Volksfestumzug zu uns. Es zeigt sich auch nicht als bombastischer Millionengewinn im Lotto. Das Glück ist weder laut noch extrem. Es kommt unscheinbar auf leisen Sohlen. Wie die Melodie eines zarten Windhauchs im Frühling kitzelt es uns mit himmlischen Düften an der Nase. Friedrich Nietzsche hat in seiner *Fröhlichen Wissenschaft* ebenso poetisch wie treffend formuliert: »Für den Denker und für alle erfindsamen Geister ist Langeweile jene unangenehme ›Windstille‹ der Seele, welche der glücklichen Fahrt und den lustigen Winden vorangeht; er muss sie ertragen, muss ihre Wirkung bei sich abwarten.« Dauernde Unrast beraubt uns der Empfänglichkeit für das Glück. Vielleicht ist es eine göttliche Gerechtigkeit oder ein von der Natur vorgesehener Ausgleich, dass wir mit jedem Schwinden der Jugendlichkeit unseres Körpers diese Stille in der Seele besser ertragen können. Im Idealfall wird sie selbst zu einer Quelle unseres Glücks. Nur im stillen, unbewegten Wasser spiegelt sich unser Antlitz, nur in Muße öffnet sich der Blick in unsere eigene Seele. Nur beim Innehalten können wir Kraft schöpfen aus den Dingen, die einfach nur sind und nicht erst von uns geformt, gemacht oder verändert werden müssen. Ein weiser, leider schon verstorbener Freund hat die für mich schlüssigste und schönste Beschreibung von Spiritualität so formuliert: »Es ist die Erfahrung, dass es einen letzten großen Zusammenhang gibt – und der Glaube, dass dies ein guter sei.« Mit solch einem Vertrauen in der Welt verankert zu sein ist wohl eines der schönsten Geschenke, die das Leben für uns parat hat. Mit einer derartigen Verbundenheit finden wir Freude auch in den kleinen, auf den flüchtigen Blick unbedeutenden Dingen.

Während ich gerade am Schreibtisch sitze und eine kleine Schreibpause einlege, ist mir eine weitere Ergänzung der Formel zugeflogen, die eventuell erklärt, weshalb das Nichtstun so erfüllend sein kann, wenn wir uns tief mit der Welt verbunden fühlen – oder wie der von mir so geschätzte Hartmut Rosa es formuliert, wenn wir »in eine Resonanzbeziehung mit der Welt eintreten«. Ganz ohne unser Zutun haben wir dann teil an allem, was ist und geschieht. Und das ist bekanntlich zahllos und unendlich. So wird aus dem Nichts, der Null, plötzlich ein Ganzes, die Eins:

$$\frac{\infty}{\infty} = 1$$

Unser Tun ist bei der Betrachtung der aufgestellten Gleichungen so lange zur Bedeutungslosigkeit verdammt, wie es die Bedingungslosigkeit unseres Seins verdrängt oder noch nicht einmal erkennt. So widersprüchlich es klingen mag, so logisch erscheint es, dass erst die Erfahrung, nur ein winziges Staubkörnchen im Universum zu sein, uns zu wahrer Größe verhilft. Unsere Einzigartigkeit entfaltet ihren

Sinn und ihre Schönheit erst dann, wenn sie sich als Teil des Ganzen begreift. Besitz und Status, Ruhm und Ehre, Erfolg und Strebsamkeit entpuppen sich als trügerische Ziele, die uns, wenn überhaupt, nur für einen kurzen Moment befriedigen. Folgen wir ihnen, müssen wir nach jedem Kick noch schneller und angestrengter für den nächsten arbeiten – und werden dabei blind für das Schöne und unempfänglich für das Sinnhafte.

Es ist bald 150 Jahre her, dass der schon erwähnte Friedrich Nietzsche im vierten Buch seiner *Fröhlichen Wissenschaft* die »athemlose Hast der Arbeit« als »das eigentliche Laster der neuen Welt« – also Amerikas – bezeichnet, und sie »beginnt bereits durch Ansteckung, das alte Europa wild zu machen und eine ganz wunderliche Geistlosigkeit darüber zu breiten. Man schämt sich jetzt schon der Ruhe; das lange Nachsinnen macht beinahe Gewissensbisse (...) man lebt, wie Einer, der fortwährend Etwas ›versäumen könnte‹. ›Lieber irgend Etwas thun, als Nichts‹ – auch dieser Grundsatz ist eine Schnur, um aller Bildung und allem höheren Geschmack den Garaus zu machen.« Angesichts der Ausweitung der Arbeit in Form von Konsum und der Durchdringung selbst der verborgensten Lebenswinkel mit dem Leitgedanken der Effizienz ist Nietzsches anklagende Beobachtung heute aktueller denn je. Längst hat sich das Virus epidemisch ausgebreitet, ist in den Rang eines Glaubensbekenntnisses aufgestiegen und vernebelt von dort unsere Sinne. Selbst die eindringlichen Worte unserer klügsten Dichter und Denker haben das nicht verhindern können. Ob die Botschaft in mathematischer Verkleidung bei den für Poesie tauben Zeitgenossen Gehör findet? Ich bezweifle das. Am Strand der Schaabe betrachtete ich meine so lange ausgebrütete Eingebung. Die nächsten Winde und Wellen würden die Formel langsam aus dem Sand radieren und die Welt ihren weiteren Lauf nehmen. Ich rührte mich nicht vom Fleck, schloss meine Augen und fiel wieder genüsslich in ein entspanntes Nickerchen.

Fragen an, Ließmann;
— Was sind ihre Vorsätze für das neue Jahr?

Faul zu sein ist harte Arbeit

Der Pub im Londoner Norden unterscheidet sich von den anderen der Gegend nur durch das Mobiliar des Hinterzimmers. Mächtige Klubsessel, deren lederne Poren den leicht muffigen Geruch von über einhundert Jahren verströmen, bilden einen offenen Kreis, jeweils gesäumt von einem kleinen Tischchen, auf dem die Gäste ihre Drinks abstellen können. Oscar mag diesen Klub. Die Wirtin führt einen exzellenten Single Malt von der Insel Islay, der selbst in der Stadt an der Themse nur schwer zu bekommen ist. Oscar hat seinen Geschmack immer als ganz einfach beschrieben: Er sei immer mit dem Besten zufrieden. Um der Sache mit der Faulheit auf den Grund zu gehen, hat er einige besonders kluge Denker eingeladen. Er wollte einmal noch die samstägliche Salon-Tradition seiner Mutter Jane aufleben lassen. Nicht alle sind gekommen. Sie hätten auch niemals in den recht kleinen Nebenraum der Kaschemme gepasst. Wahrscheinlich waren den meisten die Strapazen der weiten Anreise aus dem Elysium einfach zu anstrengend. Vielleicht kommen sie ja zu einer späteren Runde, zu der er in einhundert Jahren wieder einladen wird. Er hat ja jetzt himmlisch viel Zeit und auch im Jenseits den Ruf, zu den Geduldigeren zu gehören. Über eine Zusage hat sich Oscar besonders gefreut. Aus welchem Grund auch immer hatte Aristoteles seine Teilnahme als

Erster angekündigt. Bei Tolstoi musste er schon tricksen und die Wirtin bestechen, über den russischen Stammgast der Kneipe, einen ehemaligen KGB-Spion mit nach wie vor ausgezeichneten Beziehungen, ein Fläschchen des besten Wodkas zu besorgen. Es hat geklappt. Der Mann ließ seine alten Verbindungen spielen, Lew Nikolajewitsch konnte nicht widerstehen. Bei Lessings Zusage spielte der Zufall Oscar in die Hände. Im Old Vic Theatre läuft derzeit ein Stück, das der Deutsche unbedingt sehen wollte. Von der fußläufig vom Theater gut erreichbaren Waterloo Station musste er nur die Northern nehmen und mit lediglich acht Zwischenstopps direkt bis Camden Town fahren. Als die drei nach einem Begrüßungsdrink das Hinterzimmer betreten, staunen sie nicht schlecht, dass dort bereits ein Sterblicher sitzt. Sie erkennen ihn sofort allein an seiner Brille. Es ist Woody Allen. Ihm sei auf Umwegen von dieser Runde zu Ohren gekommen. Tolstoi, der leidenschaftliche Verfechter der Liebe, will den Amerikaner wegen der immer noch ungeklärten Missbrauchsvorwürfe wieder nach Hause schicken. Man könne ihn ja in einigen Jahrhunderten zur Runde einladen, sofern das göttliche Gericht, vor dem die Wahrheit immer ans Licht komme, ihn freispreche, meint er. Nun ja, entgegnet Oscar Wilde, wenn Allen schon einmal da sei, könne man ihn doch am Gespräch teilnehmen lassen – sofern er als Geste des Danks die Zeche des Abends übernehmen würde. Schließlich wäre damit auch das Problem gelöst, dass es in den ewigen Jagdgründen kein Geld gibt. Er, Oscar, hätte sich zwar schon eine charmante Argumentation gegenüber der als ebenso herzlich wie resolut geltenden Wirtin zurechtgelegt, doch so sei es viel bequemer. Mister Allen darf bleiben. Der Gedankenaustausch beginnt.

Wilde eröffnet die Diskussion. Mit tiefer Stimme und überzeugtem Ton wendet er sich den anderen zu: »Muße, nicht Arbeit, ist das Ziel des Menschen.« Aristoteles nickt zustimmend: »Ganz meine Rede, denn die Glückseligkeit scheint in der Muße zu bestehen.« Leidenschaftlich fällt ihm Wilde ins Wort: »Sie ist, so scheint mir, die Verteidigung der Vollkommenheit.« – »Mehr noch, werter Freund«, bekräftigt der Grieche: »Wie meinem Lehrer Platon von Sokrates gelehrt wurde, so lehrte er es auch mir. Die Muße ist die Schwester der Freiheit.« Nach einer kurzen Pause fügt er hinzu: »Ich halte die beiden sogar für Zwillinge.« Wilde denkt einen Moment nach: »Und doch tun sich die Erdlinge damit so schwer. Ich habe schon zu meinen Lebzeiten eine klare Meinung dazu gehabt, die sich mit dem Blick von außen auf die spätere Welt nur noch gefestigt hat: Gar nichts tun, das ist die allerschwierigste Beschäftigung und zugleich diejenige, die am meisten Geist voraussetzt.« Aristoteles erwidert ihm mit einem Augenzwinkern: »Ja, Glück zu vertragen ist nicht jedermanns Sache.« Bei diesem Satz schaltet sich Woody Allen ins Gespräch ein: »Willst du mich aus der Reserve locken, alter Grieche? Für mich ist Arbeit meine Therapie gegen Pessimismus. Und warum ist Lew so zurückhaltend? Er hat bisher noch keinen Ton gesagt.« Fragend schaut Wilde zu dem Russen: »Vielleicht hat er seine Worte für die dicken Schmöker schon verbraucht?« Bevor der antworten kann, legt Allen nach: »Ich habe einen Kurs im Schnelllesen mitgemacht und bin nun in der Lage, ›Krieg und Frieden‹ in zwanzig Minuten durchzulesen. Es handelt von Russland.« Tolstoi schüttelt den Kopf: »Wir hätten ihn doch nach Hause schicken sollen. Lasst uns wieder zum Thema zurückkommen. Arbeit ist an sich keine Tugend. Da gebe ich euch Verblichenen recht. Aber sie ist eine unvermeidbare Bedingung eines tugendhaften Lebens.« Oscar freut sich über Lews Einwurf: »Endlich widerspricht mal einer. Wenn die Leute mir zustimmen, habe ich immer das Gefühl, ich muss mich irren.« Doch Aristoteles untermauert die Aussage des Gastgebers: »Ganz falsch liegst du nicht, lieber Freund. Denn Arbeit und Tugend schließen einander aus.« Gotthold Ephraim Lessing hat bisher geschwiegen, nun aber erhebt er sich:

> *»Die Faulheit*
>
> *Fleiß und Arbeit lob' ich nicht;*
> *Sie gehören für den Bauer.*
> *Fleiß und Arbeit, wie man spricht,*
> *Machen nur das Leben sauer.*
> *Faulheit, drum sollst du allein*
> *Meiner Güter höchstes sein.*
>
> *Bücher, euch verzehrt der Staub;*
> *Ich mag nicht mehr mit euch wachen.*
> *Bald bin ich des Grabes Raub.*
> *Ich will faul in allen Sachen:*
> *Nur nicht faul zu Lieb' und Wein,*
> *Nur nicht faul zur Faulheit sein.«*

Nachdem er geendet hat, nimmt Lessing wieder Platz, winkt die Wirtin herbei und bestellt noch ein Glas des vorzüglichen süditalienischen Rotweins. Schon beim ersten Glas hatte er darin eine alte sizilianische Wahrheit zu erkennen geglaubt: Wer keine Muße kennt, lebt nicht. Nach einer angemessenen Pause nimmt Wilde den Faden wieder auf: »Ist nicht der Fleiß die Wurzel aller Hässlichkeit?« In Gedanken zählt Woody Allen nach, wie viele Filme er schon gedreht hat. Er verteidigt sich: »Ihr Himmlischen habt gut reden. Müsst ihr etwa heute die Rechnung zahlen? Geld ist allemal besser als Armut – wenn auch nur aus finanziellen Gründen.« Wieder hält Aristoteles souverän dagegen: »Bedenke, was du da sprichst. Überall nur nach dem Nutzen zu fragen, ziemt sich am wenigsten für hochsinnige und wahrhaft freie Männer. Sobald die Menschen dem Reichtum einen Einfluss auf ihr Inneres gestatten, verfallen sie dem Übermut und Hochmut. Sie kommen sich dann gerade so vor, als ob sie im Besitze aller nur denkbaren Vorzüge wären.« Wilde, sichtlich angetan von der philosophischen Unterstützung, legt nach: »Und der Besitz erzeugt nicht nur Pflichten, er schafft so viele, dass eine Fülle davon Qual ist.« Doch Allen kontert: »Zugegeben, der Mensch lebt nicht vom Brot allein. Nach einer Weile braucht er einen Drink. Wirtin, bitte noch eine Runde!« Nachdenklich hebt Tolstoi sein Wodkaglas und prostet den anderen zu: »Allein im Bereich des Bewusstseins ist der Mensch frei, Bewusstsein wiederum ist nur im jeweils gegenwärtigen Augenblick möglich.« Wilde, ganz gegenwärtig, nippt genüsslich an seinem Whisky und spricht seinerseits einen Toast aus: »Nichts sollte imstande sein, uns zu berauben, denn wir besitzen in Wirklichkeit nichts als das, was wir in uns haben. Cheers!« Aristoteles erhebt sein Glas nicht. Trocken und mit zurückhaltender Geste entgegnet er: »Das Glück gehört den Genügsamen.« Die entstehende Pause nutzt Lessing, diesmal sitzen bleibend, für einen weiteren Gedichtvortrag:

> *»Rennt dem scheuen Glücke nach!*
> *Freunde, rennt euch alt und schwach!*
> *Ich nehm' teil an eurer Müh':*
> *Die Natur gebietet sie.*
> *Ich, damit ich auch was tu', –*
> *Seh' euch in dem Lehnstuhl zu.«*

Tolstoi ergänzt schmunzelnd: »Alles nimmt ein gutes Ende für den, der warten kann.« Diese Gelassenheit hält Woody Allen kaum aus: »Aber ihr müsstet es doch wissen; die Ewigkeit dauert lange, besonders gegen Ende.« Der nie um einen schlagfertigen Satz verlegene Wilde schaut den nervösen Amerikaner an: »Ach, junger Suchender. Die Natur ist immer hinter der Zeit zurück. Warte ab, bis du unter uns weilst!« Der Angesprochene wehrt sich: »Ich habe nichts dagegen zu sterben. Ich will nur nicht dabei sein, wenn's passiert. Und wie eure Anwesenheit hier belegt, gibt es eine jenseitige Welt. Die Frage ist nur: Wie weit ist sie von der Innenstadt entfernt, und wie lange hat sie offen?« Wilde bringt ihn wieder zur Besinnung: »Auf welchen Pfaden eilt ihr modernen Menschen? Habt ihr immer noch nicht begriffen, dass die große Leidenschaft das Privileg derer ist, die sonst nichts zu tun haben?« Alle denken über diesen Satz nach, bis Lew ganz ruhig sagt: »Du brauchst nur zu lieben und alles ist Freude.«

Das sitzt. Alle schweigen. Alles ist gesagt. Fast alles. Lessing setzt zum Schlusswort der Runde an, seinem »Lob der Faulheit«:

> »Faulheit! Itzo wollt' ich dir
> Auch ein kleines Loblied schenken;
> Käm' es nur gleich aufs Papier
> Ohne lange nachzudenken.
> Doch ich will mein Bestes tun;
> Nach der Arbeit ist gut ruh'n.
>
> Höchstes Gut! Wer dich nur hat,
> Faulheit! Dem muss dieses Leben
> Mehr – – Ich gähn', ich werde matt.
> Nun, du wirst es mir vergeben,
> Dass ich dich nicht loben kann;
> Du verhinderst mich ja dran.«

Die Wirtin läutet zum *last order*.

Leseempfehlungen

Vieles von dem, was ich in diesem Buch beschreibe, ist von anderen noch viel treffender, bei manchen auch wissenschaftlich fundiert gedacht und zu Papier gebracht worden. Hier eine vollständige Liste aufzuführen wäre ein Ding der Unmöglichkeit - und würde das Lob der Faulheit ad absurdum führen. Daher lege ich allen, die Lust bekommen haben, tiefer in die angesprochenen Themen einzusteigen, die Lektüre der folgenden von mir persönlich geschätzten Werke ans Herz.

Alle Werke von Hartmut Rosa, unter anderem:

Beschleunigung und Entfremdung, Suhrkamp, 2013

Resonanz, Suhrkamp, 2016

Unverfügbarkeit, Residenz Verlag, 2018

Ebenfalls alle Bücher von Marianne Gronemeyer, insbesondere:

Das Leben als letzte Gelegenheit,
Wissenschaftliche Buchgesellschaft, 1996

Die Macht der Bedürfnisse,
Wissenschaftliche Buchgesellschaft, 2002

Wer arbeitet, sündigt ..., Wissenschaftliche Buchgesellschaft, 2017

Weitere:

Frithjof Bergmann: *Neue Arbeit, neue Kultur,* Arbor Verlag, 2017

Peter Heintel: *Innehalten,* Herder, 1999

Hermann Hesse: *Die Kunst des Müßiggangs,* Suhrkamp, 1995

Reinhard Kahl: *Treibhäuser der Zukunft,* Beltz, 2004

Joachim Koch: *Megaphilosophie,* Steidl, 2002 (in der Erstausgabe: *Weder – Noch. Das Freiheitsversprechen der Ökonomie*)

Kurt Kusenberg: *Lob der Faulheit,* Verlag Bärmeier & Nikel, 1955

Paul Lafargue: *Das Recht auf Faulheit,* Stattbuch, 1986

Hermann Lübbe: *Im Zug der Zeit,* Springer, 2003

Friedrich Nietzsche, *Die fröhliche Wissenschaft, in: Sämtliche Werke (Kritische Studienausgabe in 15 Bänden),* Bd. 3, dtv, 1980

Mark Riklin: *Stadt als Bühne,* Schwan Verlag, 2010

Bertrand Russell: *Lob des Müßiggangs,* dtv, 2016

Wolfgang Schneider: *Die Enzyklopädie der Faulheit,* Eichborn, 2003

Bernd Sommer und Harald Welzer: *Transformationsdesign,* oekom, 2017

Harald Welzer: *Die smarte Diktatur,* Fischer Taschenbuch, 2017

Und natürlich mein Lieblingsbuch:

Robert Gernhardt, F. K. Waechter, F. W. Bernstein: *Die Wahrheit über Arnold Hau,* in: *Die Drei,* Zweitausendeins, 1981